霊交術秘伝書

石川素禅

靈交術秘傳書

一名「遠隔感應術」

目次

靈交術の原理

心靈上にをいても所謂靈感術と云ふものがあるが、其靈感術とは、甲と乙とが何等五感の作用をまたずして、各々の意志を通じ、相感應する方法を、斯く名付けたもので、勿論、心靈作用に基く現象であるが、是は練習次第で何人にも出來ると云ふやうなものではなく、靈的能力の極度に發達したものでなければならないので普通人には絶對不可能と云つても差支へないのであるが然しこゝに說く所の靈交術なるものはそんな難かしい心靈學上の靈感術の問題ではなく、普通能力を備えた人であれば練習次第で何人にも容易く出來ると云ふ即ち松旭齋天勝や或は天華などと云ふ様な人達がやる奇術と同様に一種の「トリツク」應用である。

諸君は寄席や劇場などで天勝や天華等の奇術を御覽になつて、トリツクである、種があるのである、と知りつゝも餘りにも鮮かな其手並に神秘的觀念に打たれて不思議に思はれるであらうが、この靈交術も、即ちその天勝や天華の奇術と同じ様に、トリツク應用であるから練習によつて手腕が熟練されてくると、トリツクであらうと疑ひつゝもその鮮かさに、神か人かと、驚歎せられるのである。

去る大正十四年來朝した、露國生れのゼーゲル夫妻などは各地に於てこの靈交術を公開し、如何なる難物でも百發百中

と云ふ鮮かな手腕は至る所に於て、魔か人かと疑はれ中には
トリツクであらうと疑ひながらも、その正體を掴み得ず、一
時は學界の問題にまでもなつた程であるが一度その正體を掴
み、種を明かして見れば、ナアンダこんなものかと云はれる
程で不思議でもなんでもないのである。

科學萬能の現代に於ては、それがどんな不思議と思はれる
ものであつても一度、原理と方法とが判れば何一つとして不
思議はないのである。

こゝに說く所の靈交術も、その例に漏れずで本書によつて
秘密の扉を開き、之が原理と方法とを知つたならばあとは各
自の練習と工夫次第で何人も驚く程の靈交術家たり得るので

ある。

それはさておき、こゝに述べる靈交術には、動力者と感知者との二人を必要とする、動力者は感知者との間に既に定められてある一種の符號即ち合言葉に依つて、感知者に意志を傳達すれば、感知者は、動力者より傳達されたる意志を感知して、之が表示をなすものであるが、此場合感知者たるものは嚴重なる目隱しをなし、動力者が質問の言葉の間に挾む符號を豫て定められたる鍵によつて解き、質問の要旨が何であるかを答へるのである。

此兩者の間に定められたる符號は、二人の間にのみ約束せられたる言語の暗號、即ちシグナルであつて、最も秩序的に組織されその基本語となるべきものを「鍵」キーと云ふ、これによつて動力者は感知者に對して種々の質問を發し、感知者は之に對して適確なる答をなすことが出來るのである、即ち此の靈交術は問答的形式によつて行はれるものであつて普通「鍵」キーとなるべき符號は、〇より九までの數の十個を使用するのみであるが是に依つて無數の言語を生み出し、幾百幾千の場合にも應用されるのである、從つてこのキーは各々により各二人の間には獨特の鍵を必要としこれを以て實驗すべきであるからたとへ此方法を既知の者であつても他人の鍵は容易に觀破し得ないのである、又日本語には日本語の鍵、英語には英語の鍵、佛語には佛語の鍵を必要とすることは云ふ

までもない　從て本書中に擧げた「鍵」も著者の考案になるものでもごよりホンの一例に過ぎないのであるから實驗家は各自に最も適切なるものを選ばれる樣に希望するのである。

次にその凡例を擧げて詳しく説明することにする。

凡例　「鍵」キー

動力者が「これを」……………………と言つた場合　〇を意味し
〃　「どうぞ」……………………と言つた場合　一　〃
〃　「今」……………………と言つた場合　二　〃
〃　「さあ」……………………と云つた場合　三　〃
〃　「それでわ」……………………と言つた場合　四　〃
〃　「願ひます」……………………と言つた場合　五　〃
〃　「分りますか」……………………と言つた場合　六　〃
〃　「お願ひします」……………………と言つた場合　七　〃

〃「はつきりと」……と言つた場合　八　〃
〃「お早く」……と言つた場合　九　〃

以上十個の鍵を假に定めたか、これは動力者が常に感知者に發する質問時の暗號であるから質問上に用ひても何人も疑念を挾むべき餘地のない言語、即ち「自然用語」を選ばなければならない、本書に假定した鍵も其一例であるが、併し此十個の鍵のみでは如何に工夫して巧みに應用するも時には語呂が合はず質問時の言語が第三者をして不自然な感じを起さしむる場合が往々にしてあるから、更に工夫して前述の十個の鍵の他に、もう十個の鍵、即ち一つの數に對して二個づつの鍵を用意して置くこともよいことである、それは追々例を舉けて詳しく說いてはゆくが、然し基本となるべき鍵が餘りに多いと複雜になつて記憶上に困難であるから最初によくよく注意してなるべく十個の鍵で間に合ふやうに組立てることが肝要である。

尙又、各自に於て一段と工夫研究を凝らして此鍵に音調の高底とか或は音の强弱、又はアクセントの附し方等を應用するなれば極めて少數の鍵に依つて非常に多數の暗號を定められるのであるが、この方法は僅かな音階の差をも聞き分け得られる耳の所有者にのみ限られてゐる即ち音樂の素養を必要とするから一般向きとは言ひ得ない。

殊に音調の問題は直接耳に訴へなければならないから紙上

に記述したのみでは中々諒解し難い故本書には通常の言語さへ解し得らるゝ者ならばその練習に依つては何人こ雖も驚くべき靈交術實施者たり得る方法を記述したいこ思ふ。併し讀者各自に於てもその鍵に音の高底、强弱、アクセント等を附して暗號を定められるならば一層複雑なる實驗をもなし得らるゝここゝ思ふ。

是等の鍵を使用して通常行ふ實驗は

一、數字あて

二、物品あて

三、物品の內容あて

四、人物あて

五、姓名あて

などであるが、この他に別の鍵を用ひて行ふ實驗に

六、隱し人探し

がある。

これ等は、各々の實驗を單獨に行ふ場合……即ち數は數のみ言ひあて、物品は物品のみを言ひあてる場合もあるが多くは各實驗を關聯させて物品をあて、その內容をあてその數をあて、又は人物をあてその年齡を言ひあてるなど種々の實驗を組合せて行ふのが普通である。

從て之も實驗者各自の考案によつて色々さその組合せ方を異にした面白き實驗か出來る譯である。

次に順次凡例を擧げつゝ各場合の實驗について詳述することしやう。

一　數字の感知

前述の十個の鍵を使用して數をあてることは最も容易てある、黑板或は紙に書かれた數字でも又單に何かの數をあてるのも同じことである。

凡例　（一）一桁の場合……（〇より九まで）

（一時に一個の鍵を使用するのみでよろしい）

動力者の質問「今[二]のはいくつですかあてゝ下さい」　　感知者の答　（二）

〃　「さあ[三]　今度はいくつですかあてゝ下さい」　　〃　答　（三）

動力者の質問「それでは―四―　今度はいくつですかあてゝ下さい」

感知者の答（四）

〃「今度のはいくつでせうかあてゝ下さい、お願ひします―七―」

〃　答（七）

〃「これはいくつですか、はつきりと―八―お答へ下さい」

〃　答（八）

〃「次はいくつですか、お早く―九―　お答へ下さい」

〃　答（九）

凡例　（二）二桁の場合……（十より九九まで）

（一時に二個の鍵を數字の順に使用するのである）

動力者の質問「これはいくつですか　どうぞ―一―　今の―二―をあてて下さい」

感知者の答（一二）

〃「さあ―三―　これはいくつでせうか　お願ひします―七―」

〃　答（三七）

動力者の質問「それでは 四 今度はいくつでせうか　これを 〇 あてゝ下さい」　感知者の答（四〇）

〃「今度のはいくつでせうか　分りますか 六 はつきりと 八 お答へ下さい」　〃答（六八）

〃「もう一つ　お願ひします 七 どうぞ 一 あてて下さい」　〃答（七一）

〃「これはいくつでせうか　お早く 九 お願ひします 七」　〃答（九七）

斯くの如く二桁以上の數の場合は、鍵を上下轉倒せぬ樣に注意すること、例へば本凡例に於ける答十二の場合の如きも若し之が鍵の使用法を轉倒して「今のをドウゾ」と言ほふものならばその答は十二にあらで二十一になつて終ふ、故に二桁以上の數の場合は動力者に於ても、急がず、焦らず、明瞭

にその意味を感知者に傳へる樣に心懸けることが肝要である

凡例　(三)　三桁の場合　(百より九九九まで)

「一時に鍵を三個使用すれば出來るが、餘り鍵のみ續いて不自然であつたり質問が長過ぎて聞き苦しい時には質問を二度に切る方がよい」例へば

動力者の質問「これはいくつですか　分りますか(六)……と一度切り更に　はつきりと(八)　お早く(九)　お答へ下さい」と云へば　答六。八。九。と云ふことになる。

〃「今(二)のはいくつですか　さあ(三)　はつきりと(八)　お答へ下さい」　感知者の答　二三八

〃「それでは(四)　今度はいくつですか　お早く(九)　お願ひします(七)」　〃答　四九七

〃「次を願ひます(五)　この數はいくつでせうか　さあ(三)　分りますか(六)　お答へ下さい」　〃答　五三六

〃「今度はいくつでせうか　はつきりと(八)　お早く(九)　お願ひします(七)」　〃答　八九七

〃「これはいくつでせうが　お早く《九》　願ひたいですが　さあ《三》　それでわ《四》　あてゝ下さい」

咸知者の答　九三四

凡例（四）四桁の場合……（千より九九九九まで）

「一時に四個の鍵を使用すれば出來るが不自然にならぬ様に注意すべきことは前に同じ」

動力者の質問「これはいくつですか　どうぞ《一》　願ひます《五》……今のを《二》お早く《九》　あてて下さい」

咸知者の答　一五二九

〃「今《二》のはいくつですが　分りますか《六》　それでわ《四》　はつきりと《八》　お答へ下さい」

〃　答　二六四八

〃「さあ《三》　いくつでせうか　今のを《二》　はつきりと《八》　お早く《九》　あてて下さい」

〃　答　三二八九

〃「今度のはいくつでせうか　それでわ《四》　どうぞ《一》　これを《〇》　願ひます《五》　あてゝ下さい」

〃　答　四一〇五

〃「いくつですか　お早く《九》　今《二》の數をおあて下さい　さあ《三》　はつきりと《八》　お答へ

下さい」

感知者の答　九二三八

普通四桁以上即ち千以上の數は大して必要ではないが時に紙幣の番號とか或は電話番號などをあてる場合に用ひられる是以上の五桁六桁の數即ち萬十萬などの數字は殆ど、多くの場合出ない樣ではあるが萬一の場合のために練習しておくに越したことはない。

併し數には大小共に限りがないからその例を一々此所には擧げ切れないが、適中法の原理は如何に其數が變化しても同じであるから、各自その積りで應用せらるゝ樣に希望する次第である。

さて、これで大體、數字あては出來るのであるが併し今までの鍵のみでは不便の場合が出て來るのでその場合の特殊の鍵を必要とするのである、鍵と言ふと最初に定めた十個の鍵と混同するからこゝでは特に暗號と云ふ言葉を用ひることにする、即ち次の如き場合である。

◉數字あてに於ける特殊の場合

（一時に同數字の續く場合）

例へば「一一」とか「二二」「三三」などの如く同數字の續く場合にこれを鍵によつて云へば「どうぞ、どうぞ」とか「今、今」とか或は「さあ、さあ」などゝ同語を重複して甚だ不自然である。

そこで今假に

同數二個つゞく場合の暗號を「もし」……………………と定める

〃　三個つゞく場合の暗號を「もしもし」………………と定める

〃　四個つゞく場合の暗號を「あーもしもし」…………と定める

これを今までの鍵に合せ用ふること簡單になり且つ目立たずに濟むのである。

今この暗號を使用して質問する場合を左に凡例を擧げて說明して見る。

凡例（一）

動力者の質問「これはいくつですか　もし—一—どうぞ　あてて下さい」

感知者の答　一

「もし—三—今度のはいくつでせうか　さあ—五—お答へ下さい」

〃　「この數はいくつですか　もし願ひます　あてて下さい」

，　答　三三

〃　「もし　今度のはいくつですか　お願ひします」

，　答　五五

〃　「今度はいくつですか　もし　お早く　お答へ下さい」

，　答　七七

，　答　九九

凡例　(二)

動力者の質問「もしもし　今　のはいくつですかあてて下さい」

咸知者の答　二二二

〃　「もしもし今度はいくつですか　それでわ　お答へ下さい」

，　答　四四四

〃　「もしもしこれはいくつですが　分りますか　分つたらお答へ下さい」

，　答　六六六

動力者の質問「これはいくつですか　もし《八》もし《八》　はっきりと《八》　お答へ下さい」

感知者の答　八八八

凡例（三）

動力者の質問「あー《三》もし《三》もし《三》　これはいくつでせうか　さあ《三》　あてて下さい」　答　三三三三

〃「あー《五》もし《五》もし《五》願ひます《五》　これはいくつですかあてゝ下さい」　答　五五五五

動力者の質問「あー《九》もし《九》もし《九》　これはいくつですか　お早く《九》お答へ下さい」　答　九九九九

と云ふことになる。

もしとかもしもしとか、又は、あーもしもしなどの言語は前にも述べた通り同じ數の續く場合に用ゆる一種の暗號であるから、鍵の先に云つても、あとで云つてもその答には間違ひはないのである。

例へば

「もし　これはいくつですか　どうぞ　あてて下さい」と云つた場合その答は一一であるが、これを轉倒して

「どうぞあてて下さいこれはいくつですかもしお答へ下さい」と云つても答は一一である。

又

「もし　これはいくつですか　さあ　あてて下さい」と云つた場合が三三ならば

「さあ今度はいくつですか　もし　お答へ下さい」

と云つても三三である。

と云ふ様に上から下まで同じ數字であればたとへそれが二桁でも三桁でも或は又四桁以上であつても、

即ち

三三　とか六六六とか、　或は、　九九九九の如き場合でもその原理は皆同じであるが、　これが若し上の三桁なり四桁なりが同數であつても一番下につく數が違ふ場合即ち　三三三七とか又は、　五五五九とか云ふ場合に鍵と暗號とが轉倒すると、　とんだ間違ひが生じるから注意せねばならない。

例へば

「もしもし今度は幾つですか　さあ　お願ひします」　は、

答三三三七であるが

此場合

「いくつでせうか　さあ《三》　お願ひ《七》します《七》もしもし《七》あてて下さい」なんて云はうものなら　答は三七七になつてしまふ

要するに一番下につく「鍵」を轉倒しなければよいのであるからその點をよく注意して應用する樣に希望する次第である。

であるから「五五、五五九」と云ふ場合にも

「あー《五》もし《五》もし《五》これはいくつでせうか　願ひ《五》ます　お早《九》く

お答へ下さい」と云へばよいのである

故に各自に於ても充分工夫研究して實驗場に於てなるべく

第三者をして不自然な言語であるといふ感じを起さしめない様に注意することが肝要である。

さてこれで同數の續く場合に對する方法は大體御諒解になつたことゝ思ふから次にうつる。

前述の如く普通に數の續く場合は前に述べた方法でよいが「三〇三〇」などゝ云ふ場合には

「もしこれはいくつですか　さあ《三》　これを《〇》あてて下さい」

と云ふ様にする、　この場合のもしは上の三〇を代表することにする、

即ち、　さあは三であり、　これをは〇であるから三〇である

もしは同數の一つ續く場合の暗號であるから三〇である、　故

に、答は即ち「三〇三〇」で三千三十である、
それから一〇〇とか、二〇〇とか云ふ様に上に數があつて
下が〇の場合には

動力者の質問「今度はいくつですか　どうぞ(一)　もし(〇)　これを(〇)あてゝ下さい」
感知者の答　一〇〇

「今(二)　のはいくつですか　もし(〇)　これを(〇)　あてゝ下さい」
〃　答　二〇〇

となり

質問「さあ(二)　今度のはいくつですか　もし(〇)もし(〇)　これを(〇)　あてゝ下さい」
〃　答　三〇〇〇

と云ふことになる
斯くの如くして總てこの暗號は上から下まで同數字でない

場合は鍵の上、即ち鍵の先に云ふのである、

◎百以上の數を簡單に云ふ場合

例へば

「一〇五」と云ふ時に　どうぞ《○》　これを《○》　願ひます《五》　と三個の鍵を使ふ代りに

百の暗號を假に「考へて」と定めたとする

質問「いくつですか」　考へて《百》　願ひます《五》」と云へば甚だ簡單で分り易い

同様の意味で

千の暗號を「よく考へて」と假定したとする

凡例（一）百の場合

質問「いくつですか　考へて《百》　今《二》のをあてて下さい」　答　一〇二

〃「いくつですか　今《二》のを　考へて《百》　あてて下さい」　答　二〇〇

〃「さあ《三》　今度のはいくつですか　考へて《百》　お願ひします《七》」　答　三〇七

〃「今度はいくつです　分りますか《六》　考へて《百》お答へ下さい」　答　六〇〇

凡例（二）千の場合

質問「いくつですか　よく考へて《千》　お答へ下さい」

〃「さあ《三》　これはいくつですか　よく考へて《千》　お願ひします《七》」　答　一〇〇〇

質問「それでわ《四》　今度はいくつですか　よく考へて《十》　もし《八》　はつきりと《八》　お答へ下さい」

答　三〇〇七

〃「今度のはいくつですが　お願ひします《七》　よく考へて《十》　お答へ下さい」

答　四〇八八

答　七〇〇〇

此外「三三〇〇」ならば

「もし《三》　これはいくつですか　さあ《三》　考へて《百》　お答へ下さい」で即ち三三百で（三三〇〇）

「三三三〇〇」ならば

「もし《三》〳〵《三》　これはいくつでせうか　さあ《三》　考へて《百》　お答へ下さい」

「三三三三〇〇」ならば

「あー《三》もし《三》もし《三》　これはいくつでせうか　さあ《三》　考へて《百》　あてゝ下さい」

と言ふ様になる

又　三三〇〇ならば

「もし《三》 これはいくつですか さあ《三》 よく考へて《千》 あてて下さい」

三三三〇〇〇 ならば

もし《三》もし《三》 これはいくつですか さあ《三》 よく考へて《千》 お答へ下さい」

三三三三〇〇〇 ならば

「あー《三》もし《三》もし《三》 これはいくつですか さあ《三》 よく考へて《千》 あてて下さい」

と云へばよいのである。

要するに 考へて とか又は よく考へて などの暗號があれば 感知者は直ちに 百である 或は 千である と悟ることが出來て無暗と鍵を並べ立てられるよりはるかに早く答が出來るのである。

例へば 九百と云ひたいとき

「いくつですか もし お早く これを」 と云つても用は

足りるのであるが
「いくつですか　お早く　考へて」と云ふ具合にきれいに
はゆかないのである。
又　二三五七　とか　八七二一　とかなどの如く　色々の數
字が組合されてゐる場合は單にその鍵を拉列して云つてもよ
いが　三〇五とか　四〇〇七等の如く間の切れてゐる數字は
是非共　百及び千の暗號を用ゆる必要がある譯である。
即ち　複雑なる數を云ひ現すためには以上の特殊の暗號
もし
もしもし
あーもしもし

考へて

よく考へて

の五つをこれまでの十個或は二十個の鍵に如何に附隨させて用ひるなれば、言ひ易く、分り易く、聞き易いかを研究して各自に考案もし工夫もしておかなければならないのである。

さて、これで大體數字あてに對する適中法の原理は解き終つたのであるが最後に是非一つ諸君の頭に明記しておいてもらはなければならないことがある。

それは　どんな場所に於ても實驗時には出易い數字あてゝあつて簡單な樣でも中々に言ひ現すに難かしい數字である

例へば

二三とか、四五とか、六七とか、八九とか或は、一二三、四五六、七八九、と云ふ様な數であるが斯ふ云ふ場合には各自が定めた　鍵を用ひてどんな風に云ひ現したならば質問時の言語に不自然さを感じさせないで濟むか第三者が聞いても不自然さもなく感知者に傳達することが出來るかと云ふことをよく研究しておいてもらはなければならない。

本書では假に著者が定めた鍵を用ひて言ひ現はすとすれば

動力者の質問　「今のはいくつですか　さあ　あてて下さい」　答　二三

〃　「それでわ　願ひます　今度はいくつですか　あてて下さい」　答　四五

〃　「この數はいくつですか　分りますか　あてて下さい　お願ひします」

答　六七

〃「今度はいくつでせうか　はつきりと　お早く　お答へ下さい」

答　八九

〃「どうぞ　今　の數をあてゝ下さい　さあ　いくつでせうか　お答へ下さい」

答　一二三

〃「それでは　願ひます　これはいくつでせうか　分りますか　あてゝ下さい」

答　四五六

〃「今度はいくつでせうか　お願ひします　ハッキリと　お早く　お答へ下さい」

答　七八九

と云ふ樣になる、此續いた數字は最初の鍵の定め方如何によつては語呂が合はなくて、不自然な發音になり往々に第三者をして、不審を起さしむることが多いのである。

故に最初に鍵を定めるときによく注意して斯かることのな

い様に心懸くることが肝要である。

右の様なことに備へるために、一つの數字に對し二個づゝの鍵を設けておいて平素より研究し練習し工夫しておけばそれを適宜に用ひて易々と如何なる難數でも言ひあてることが出來るのである。

以上で數字あての方法について大體御諒解を得られたことゝ思ふがこの數字あての方法は以下物品あて、其他種々の實驗の基礎となるのであるからこれをよく練習して後次に進むべきである。

◎二十個の鍵を選定した場合

前述の如く十個の鍵のみで總てを言ひ現すに不然さを免れ

ないとして假に二十個の鍵を定めたとする、が二十個の鍵を選定すると云ふことは餘り好ましいことではない、前にも述べた如く基本となるべき鍵が餘り多いと記憶上にも困難であるから出來る限り十個の鍵で間に合せる樣に心懸けることが肝要である。

併し二十個位の鍵は平素の練習如何によつては記憶するに左のみ困難ではないのである、要は不斷の努力と絕えざる工夫と練習とによるのほかはないのである

今こゝに假定した二十個の鍵を示して見ると

即ち

動力者が
- これを……と言つた場合でも / これは……と言つた場合でも　(〇)を意味し
- ″　どうぞ……と言つた場合でも / でわ……と言つた場合でも　(一)を意味し
- ″　今……と言つた場合でも / 次……と言つた場合でも　(二)を意味し
- ″　さあ……と言つた場合でも / さて……と言つた場合でも　(三)を意味し
- ″　それでわ……と言つた場合でも / えーと……と言つた場合でも　(四)を意味し
- ″　願ひます……と言つた場合でも / 御苦労……と言つた場合でも　(五)を意味し
- ″　分りますか……と言つた場合でも / 御願ひです……と言つた場合でも　(六)を意味し

〃　｛御願ひします……と言つた場合でも
　　　済みませんが……と言つた場合でも｝（七）を意味し

〃　｛はつきりと……と言つた場合でも
　　　はつきり……と言つた場合でも｝（八）を意味し

〃　｛御早く……と言つた場合でも
　　　早いとこ……と言つた場合でも｝（九）を意味し

以上の如く二十個の鍵を選定しそれを機に臨み變に應じて巧みに應用して行つたならば如何なる場合と雖も第三者をして、動力者の質問時に言語の不自然を感知せしむる様なことはないと思ふ。

例へば

（一）一桁の場合

動力者の質問「今のはいくつですか　あてゝ下さい」　感知者の答　（二）

〃「次に出たのはいくつですか　あてゝ下さい」　〃答　二

〃「さあ今度はいくつですか　お答へ下さい」　〃答　三

〃「さて今度はいくつですか　あてゝ下さい」　〃答　三

（二）二桁の場合

動力者の質問「どうぞ頼みますこの數はいくつですか　さああてゝ下さい」　感知者の答　一三

〃「でわ今度のはいくつてすか　さああてゝ下さい」　〃答　一三

〃「さあ今度はいくつでせうか　お願ひします　あてゝ下さい」　〃答　三七

〃「さて今度はいくつですが　濟みませんが　あてゝ下さい」　〃答　三七

〃「今度はいくつですか　お願ひします　お早く　お答へ下さい」

〃 「今度はいくつですか　済みませんが《七》　早いとこ《九》　お答へ下さい」　〃　答　七九

〃　答　七九

（三）三桁の場合

動力者の質問 「いくつですか　どうぞ《一》　これを《〇》　あて丶下さい　願ひます《五》」

感知者の答　一〇五

〃 「でわ《一》　これは《〇》　いくつですか　御苦労でも《五》　あて丶下さい」　〃　答　一〇五

〃 「今のは《二》　いくつでせうか　さあ《三》　はつきり《八》　お答へ下さい」　〃　答　二三八

〃 「次は《二》　いくつですか　さて《三》　はつきりと《八》　答へて下さい」　〃　答　二三八

〃 「いくつですか　御願ひします《七》　これを《〇》　お早く《九》　あて丶下さい」　〃　答　七〇九

動力者の質問「濟みませんが（七）　これは（〇）　いくつですか　御早いとこ（九）　あてゝ下さい」

〃　答　七〇九

（四）四桁の場合

動力者の質問「さあ（三）　いくつですか　今（二）　のを　はつきりと（八）　御早くあてゝ下さい（九）」

感知者の答　三二八九

〃「さて（三）　次（二）　のはいくつですか　はつきり（八）　早いとこ（九）　御答へ下さい」

〃　答　三二八九

〃「御苦勞様でも（五）　これを（〇）　御願ひします（七）　御早くあてゝ下さい（九）」

〃　答　五〇七九

〃「願ひます（五）　これは（〇）　いくつでせうが　濟みませんが（七）　早いとこあてゝ下さい（九）」

〃　答　五〇七九

と云ふ様に同じ質問を數回くりかへすも、第三者にはそれが暗號（即ち鍵）であることを悟られる憂が少ないし又かなり込み入つた數字でも此鍵を自由自在に操つて易々とあてることが出來るのである。

併し二十個の鍵が選定してあつても、數が多くなれば勢ひ不便は免れないのであるから、十個の鍵の場合と同樣に、同數字の續く場合に用ゆる暗號と、百位、千位、萬位等を簡單に言ひ現す暗號　即ち

もし

もしもし

あーもしもし

考へて

よく考へて

の五個の暗號を用ゆる必要がある。

暗號の用ひ方は十個の鍵で行ふ方法の中に詳しく說いてあるから參照せられたい。

この二十個の鍵を選定しておくことは單に數字あてのみでなく、物品あて、人物あて、姓名あてなどの場合に於てもどの位便利であるか知れないのである。

即ち物品あての場合などは普通ならば四十個の異りたる數の鍵がなければ四十個の品名はあてられないのであるが二十個の鍵を選定しておくことは二十個の數字の鍵で四十個の品名を記憶出來得るばかりでなく十個の鍵のみでは、どうしても語呂が合はなくて言ひ現し難い場合即ち本書に假定した鍵の場合の例を擧げて見れば十六の煙草の如きもこれを一個の鍵のみで質問するときは質問「これは何ですか、どうぞ分りますかあて丶下さい」となつて少々不自然に聞ゆるがこれを二十個の鍵即ち一つの數に二個の鍵を選定してある場合に例へるならば鍵十六で質問するときは

「これは何ですかどうぞお願ひですあて丶下さい」

となつてさきの質問の如き不自然さもなく流暢に然も明快に質問することが出來るのである。

以下斯ふ云ふ場合が數字あてにも、物品あてにも、或は人物あて、姓名あて等の場合に於ても多々あることゝ思ふが、

こゝに一々例を擧げて説明するときは徒らに紙面を費すのみで大した益もないから省略するが要するに原理は斯ふ云ふものであると云ふことを各自に於て充分に呑込んで貰へればよいのである。

物品の感知

普通に考へると、何の據り所もない數字をあてることの方が、物品をあてるより難かしいやうに考へられるがこの靈交術では、數字あてが一切の基本となるもので、物品あてその他は皆數字あての應用に過ぎないのである、從て數字あてを充分練習して、動力者も感知者も即座に極めて自然に數字あてに百發百中の域に達してゐれば、物品あてもまた決して難事ではない、即ちこの場合何處の實驗場に於ても、最も現れ易い物品を考へて、これを順次に數字あての一二三等の鍵にあてはめて記憶して置くのである、提出されたものが數字なりや物品なりやの判別は動力者の質問ぶりによつて判然せしめることが出來るのである。

例へば「これはいくつですか」と云へば數字であり「これは何ですか」と云へば物品である。

物品の鍵は實驗場に於て普通出易いものより初めて順次珍しい物に及ぼし、五十なり、六十なりを定めておけば大底の場合間に合ふものである。

例へば左の如く物品を數字にあてはめて見る。

凡例　（物品の鍵）

○はサイダー　を意味し
一は錢　〃
二　帽子　〃
三　手帖　〃
四　羽織　〃
五　手紙　〃
六　煙草入　〃
七　切符　〃
八　ネクタイ　〃
九　名刺　〃
一〇　ラムネ　〃
一一　錢入れ　〃
一二　眼鏡　〃
一三は鉛筆　を意味し
一四　帶　〃
一五　切手　〃
一六　煙草　〃
一七　下足札　〃
一八　ピン　〃
一九　手拭　〃
二〇　コップ　〃
二一　フクサ　〃
二二　襟卷　〃
二三　ナイフ　〃
二四　紐　〃
二五　葉書　〃

二六はパイプを意味し
二七座布團　〃
二八靴下　〃
二九風呂敷　〃
三〇菓子　〃
三一時計　〃
三二手袋　〃
三三萬年筆　〃
三四指輪　〃
三五筆　〃
三六キセル　〃
三七扇團　〃
三八靴　〃
三九手下袋　〃
四〇菓物　〃

四一鎖を意味し
四二足袋　〃
四三ジャープ　〃
四四二重廻シ　〃
四五雑誌　〃
四六マッチ　〃
四七扇子　〃
四八オーバ　〃
四九コート　〃
五〇新聞　〃
五一メタル　〃
五二雑誌　〃
五三ハンカチ　〃
五四草履　〃
五五書籍　〃

五六　灰皿　を意味し　　五八　ステッキ　を意味し

五七　電氣　〃　　五九　洋傘　〃

今以上の如く約六十個の物品を、各數にあてはめて見たが

次にこれを用ひて物品あての實驗の凡例を擧げて見る

注意（これは季節季節に依てあてはめる物品を變更すること）

凡例

動力者の質問　「今―二―のは何ですか　あてゝ下さい」

感知者の答　（二）帽子

〃　「これは何でせうか　どうぞ―一―　頼みます　さあ―三―　あてゝ下さい」

〃　答　（一三）鉛筆

〃　「今―二―のは何でせうか　分りますか―六―　あてゝ下さい」

〃　答　（二六）パイプ

〃　「さあ―三―　この品は何ですか　御早く―九―　あてゝ下さい」

答　(三九)手下袋

〃「今度のは何ですか　それでわ《四》願ひます《五》　あてゝ下さい」

答　(四五)雜誌

〃「願ひます《一》　今度のは何でせうか　それでわ《四》　あてゝ下さい」

答　(五四)草履

〃「これは何でせうか　さあ《三》　どうぞ《一》　あてゝ下さい」

答　(三一)時計

〃「今度は何ですか　さあ《三》　もし《三》　あてゝ下さい」

答　(三三)萬年筆

〃「さあ《三》　今度は何ですか　それでわ《四》　あてゝ下さい」

答　(三四)指輪

と云ふ樣にして適確にその提出せられたる物品の何であるかを感知者に傳へ見事に適中せしめることが出來るのである。

併しながら物品あての場合には唯單にそれが何品であるかをあてただけでは甚だ興味が薄いから多くの場合その物品の內容其他それに附隨する事柄に就て次第に種々詳細な質問が提出せられこれをもまた明確にあてて見せる必要が生じてくるのである。

例へば、錢の場合ならば、銅貨か、銀貨か、或は紙幣か、煙草ならば、何と云ふ名のものであるか、何本殘つてゐるとか、或は、切符の場合ならば、何の切符かなどと云ふことであるがこれを云ひあてるには更に之等の事柄を、鍵に結び付けておかなければならない、そこでこれ等のことを數にあてはめて見やう。

（一）錢の場合

數の（〇）は……銅貨とす……此中
- （一）を一錢銅貨とす
- （二）を二錢銅貨とす

數の（一）は……白銅貨とす……此中
- （一）を五錢とす
- （二）を十錢とす

數の（二）を銀貨とす……此中
- （一）を十錢銀貨とす
- （二）を二十錢銀貨とす
- （三）を五十錢銀貨とす

數の（三）を金貨とす……此中
- （一）を五圓金貨とす
- （二）を十圓金貨とす
- （三）を二十圓金貨とす

數の（四）を紙幣とす……此中
- （一）を一圓紙幣とす
- （二）を五圓紙幣とす
- （三）を十圓紙幣とす
- （四）を二十圓紙幣とす
- （五）を百圓紙幣とす

以上の中で、當今では銅貨も二錢は殆ど流通してゐないし、銀貨も五十錢一種類だけだし、紙幣なども一圓、五圓、十圓の三種類も記憶してゐれば充分に間に合ふ、金貨に於てはどんな實驗場に於ても全く提出される樣なことがないと云つてもよい位だから　これもあまり重きをおかなくてもよいと思ふそうすると記憶上大變樂になる。

(二) 年號の場合

○を　昭和とす
一を　大正とす
二を　明治とす
三を　天保とす
四を　文久とす

（三）金屬の場合

是は錢と類似のものだから大體錢の時と同一數にあてはめておく方が便利である。

○は　銅　　　　とす
一は　ニッケル　〃
二は　銀　　　　〃
三は　金　　　　〃
四は　白金　　　〃
五は　鐵　　　　〃
六は　アルミニユム　〃
七は　眞鍮　　　〃
八は　赤銅　　　〃
九は　プラチノム　〃

(四) 寶石の場合

○は　ダイヤモンド　とす
一は　ルビー　〃
二は　サフイーア　〃
三は　オパール　〃
四は　ヒスイ　〃
五は　トパーズ　〃
六は　水晶　〃
七は　眞珠　〃
八は　サンゴ　〃
九は　メノー　〃

(五) 煙草の場合

○は　敷島　とす
一は　みのり　〃

二は　エアーシップ　〃
三は　ゴールデンバット　〃
四は　朝日　〃
五は　チエリー　〃
六は　ホープ　〃
七は　リリー　〃
八は　響　〃
九は　胡蝶　〃
一〇は　カメリア　〃

（六）布地の場合

一〇は　絹　とす
一　不二絹　〃
二　メリンス　〃
三　新モス　〃
四　木綿　〃

五　麻　とす
六　ネル　〃
七　セル　〃
八　レース　〃
九　ラシャ　〃

（七）色の場合

〇　白　　四　紫　　八　黄
一　黒　　五　緑　　九　鼠
二　赤　　六　茶　　一〇　トキ色
三　青　　七　海老茶　　一一　水色

（八）書籍の場合

〇　教科書　　五　物理化學書
一　宗教書　　六　博物學書
二　哲學書　　七　小説
三　文學書　　八　辭書

四　化學書

（九）雜誌の場合

〇　婦人倶樂部
一　主婦之友
二　講談倶樂部
三　日の出
四　キング
五　朝日
六　少年倶樂部
七　幼年倶樂部
八　富士
九　講談雜誌

（一〇）切符の場合

一　汽車　　五　劇場
二　汽船　　六　定期券

三　電車　　七　回數券

四　自動車

この場合　一と六の鍵を用ひれば　汽車の定期券を意味し三と七の鍵を用ひれば電車の回數券を意味すると云ふ樣に乘物にあてはめてある鍵と　切符にあてはめてある鍵とを用ひた場合には感知者は以上の樣に判斷しなければならない。

これは勿論この切符の場合のみならず往々にして必要を生じて來ることがあるから　鍵を組合せる際充分に注意することを要す。

(十二)　時計の場合

一　懷中時計

二　腕時計

三　婦人用
四　男子用

（十二）眼鏡の場合

一　素通シ
二　近眼
三　老眼

（十三）果物の場合

〇　みかん
一　夏みかん
二　バナナ
三　リンゴ
四　桃
五　サクランボ
六　ビワ
七　梨

八　柿
九　栗

(十四)菓子の場合

〇　パン
一　ビスケット
二　キャラメル
三　チヨコレート
四　アメ
五　せんべい
六　餅菓子
七　羹甘
八　西洋生菓子

以上の如く各物品に關する詳細なる鍵を定めて見たがこれは單に例を示したものに過ぎないのであつて、斯くの如く物品の一々に就て種類を區別してそれを記憶してゐて實驗すると云ふことは絶大なる記憶力と、熟練とを要することがあつて中々難事である。

そこで實驗者は實驗前に豫かじめ打合せておいて或程度以上の質問應答をせぬことに極めておけばよいが若しそれでは興味が薄くて物足りないと思つたら或一定の品物に對してのみは相當詳細な質問應答が出來る樣に平常から練習しておけばよい、例へば　錢とか　時計とか　或は煙草とか云ふものの樣に實驗場に於て特に出易い品物のみを數種類限定しておいて平素から充分に練習しておく樣にすればよい。

以下　前に定めた鍵を用ひて次に實驗の場合の凡例を擧げ

て見る（前述の各鍵の項參照）

凡例（一）

動力者の質問　「これは何ですか　ごうぞ（一）　仰言つて下さい」
物品の鍵（一）に依つて　答　錢

〃　「では　今（二）　のはどんな錢ですかあてゝ下さい」
錢の鍵（二）に依つて　答　銀貨

〃　「ではいくらの銀貨ですか　さあ（三）　お答へ下さい」
銀貨の中の鍵（三）に依つて　答　五十錢銀貨

〃　「序に　どうぞ（一）　年號をあてゝ下さい　はつきりと（八）　お答へ下さい」
年號の鍵（一）と數字の鍵に依つて　答　大正八年

この場合の年號即ち錢の鑄造年數を云ふには「先づ始めの鍵を年號とし」二番目の鍵を年數と定めておけばよいのである。

凡例（二）

動力者の質問「さあ[三] 今度は何ですか どうぞ[一] あてゝ下さい」
物品の鍵(三十一)に依つて 答 時計

〃「でわどんな時計でせう どうぞ[一] お答へ下さい」
時計の鍵（一）に依つて 答 懐中時計

〃「そうですでは側は何側でせうか さあ[三] あてゝ下さい」
金屬の鍵に(三)に依つて 答 金側

〃「それでわ[四] 今[二] 何時でせうか お早く[九] あてゝ下さい」
數字の鍵に依つて 答 四時二十九分

時刻もその時計が止まつてゝもゐなければ、感知者の方でも大體見當がついてゐるから 割合に分り易いのである、この場合も始めの鍵は「時」を指し、次の鍵は「分」を表すものさすればよいのである。

若し觀衆から提出された時計などで針が止つて現在の時間とは餘程違つた所を指してゐる時ならば時刻の鍵の特別の暗號として、注意してと云ふ樣な言語を挾むとわかり易い即ち此場合の注意しては「此時計は止つてゐる」との注意的暗號と考へればよいのである。

凡例（三）

動力者の質問　「どうぞ（一）頼みますこれは何ですか　分りますか（六）　あてゝ下さい」
物品の鍵（一六）に依て　答　煙草

〃　「それでわ（四）　何といふ煙草ですか　仰せ下さい」
煙草の鍵（四）に依て　答　朝日

〃　「何本殘つてゐますか　はつきりと（八）　お答へ下さい」
數字の鍵に依て　答　八本

凡例（四）

動力者の質問　「これは何ですか　どうぞ[一]　あてゝ下さい　お願ひします[七]」

物品の鍵（一七）に依て　答　下足札

〃　「では番號をあてゝ下さい　お早く[九]　お願ひします[七]」

數字の鍵に依て　答　九七番

凡例（五）

動力者の質問　「さあ[三]　それでわ[四]　今度の品物は何でせうか　あてゝ下さい」

物品の鍵（三四）に依て　答　指輪

〃　「それでわ[三]　材料は[四]　何ですかあてゝ下さい」

金屬の鍵（四）に依て　答　プラチナ

〃　「では　今[二]　の指輪にはどんな寶石がついてゐますか」

寶石の鍵（二）に依て　答　サフイーア

凡例（六）

動力者の質問　「今―二―　のは何ですか　お早く―九―　あて丶下さい」

物品の鍵（九）に依て　答　風呂敷

〃　「では布地は何ですか　どうぞ―一―　お答へ下さい」

布地の鍵（一）に依て　答　不二絹

〃　「そうです　それでわ―四―　中に何が入つてゐますか　願ひます―五―　あて丶下さい」

物品の鍵（四五）に依て　答　雑誌

〃　「今―二―　仰言た雑誌は何といふ雑誌ですかそれも序にあて丶くれませんか」

雑誌の鍵（二）に依て　答　講談倶樂部

凡例（七）

動力者の質問　「さあ―三―　これは何ですか　お早く―九―　お答へ下さい」

物品の鍵（三九）に依て　答　手下袋

〃　「では布地は何ですか　お願ひします―七―　あて丶下さい」

布地の鍵（七）に依て　答　セル

「そうです　では中に何が入つてゐませうか　さあ　これを……(少し間をお
いて)　それでわ　これを　あて丶下さい」

物品の鍵三〇と四〇とに依て答菓子と果物

右の場合動力者は感知者に二品入つてゐることを傳達するのであるから、さあこれをと云つて一品は菓子であることを傳達し、更に少し間をおいて　それではこれをと云ふ様にすれば、第三者に於て少しも言語の不自然を感ぜしめずに濟むのである。

感知者は、動力者があて丶下さいと最後の言葉の中で何と何が鍵であるかと云ふことをよく考へてから靜に答へをするのである

これは如何なる場合に於ても同じであつて、感知者は動力

者の言葉をもう一度頭の中でくりかへして何と何とが鍵であるから　答は斯々と組立てゝから　悠暢迫らざる態度を以て静に答へるのである。余り早く答へると却て第三者をして疑惑の感を起さしめ易いのである。

凡例（七）の續き

動力者の質問　─二─「今の手下袋の中にはどんな菓子と、どんな果物が入つてゐますか　─三─さあ　─お願ひします─七─　あてゝ下さい」

菓子の鍵（二）に依て
果物の鍵（三と七）に依て　答　キヤラメルと
リンゴと梨

この場合　最初に動力者が「今の手下袋の中にはごんな菓子」と云つた時に感知者は菓子の鍵に依て今は二であり。二はキヤラメル　と云ふ様に悟り　次に

「どんな果物が入つてゐますか　さあ　お願ひします　あて丶下さい」

と云つたときに　あて丶下さいの最後の言葉が出たのであるからこの質問はこれは終りだと悟り　ついで動力者の質問の要旨をよく頭の中でくり返して考へ、今度は果物の鍵を用ひて　さあは三、三はリンゴ　お願ひしますは七、七は梨と云ふ様に考へて　キヤラメルにリンゴに梨と云ふ答が出るのである　續いて次の質問に移る。

動力者の質り　「ではもう一度お願ひしますが—三—キヤラメルがいくつ入つてゐますか　—一—どうぞ　あて丶下さいそれから……—三—さあ　リンゴ　がいくつで梨がいくつ入つてゐますか　—六—分りますか　お答へ下さい」

數字の鍵に依て　キヤラメル一ツ　リンゴ三ケ　梨六ケ

と云ふことになる　この數の場合

動力者が「ではもう一度お尋ねします　キャラメルがいくつ入つてゐますか　どうぞ　あてゝ下さい」

と云つたときに　どうぞは一であるからキャラメルは一つと云ふ樣に判斷する　この場合一寸注意しておきたいことは動力者がどうぞあてゝ下さいと言つて切つて終ふと感知者はそれで質問が濟んだものと思つて答を出して終ふといけないからこのとき動力者は未だ後があるぞと言ふことを感知者に知らせるために「あてゝ下さいそれから」とあてゝ下さいそれからまで一氣に言はなければいけない、そして少しく間をおいてから次に移る樣にすればよいのである。

次に「さあ　リンゴがいくつで梨がいくつ入つてゐますか分りますか　お答へ下さい」と最後の言葉即ちお答へ下さいと言ふ言葉を聞いてから、おもむろに判斷を下して、冷靜に然かも明瞭に答をすることは前にも屢々述べた通りである、然して斯の如く複雜なる實驗をなす場合には動力者に於ても充分に注意して、假初めにも間違つた鍵や、判じ難い言葉などを用ひずに、一句一句明瞭に句切つて　感知者をしてゆつくり答を判じさすだけの餘猶を與へる樣に質問することが肝要である。

例へば　今の質問を最う一度くり返して言へば

一　質問「さあ　これわ　何ですか　お早く　お答へ下さい」

答　手下袋

二　質問「では布地は何ですか　お願ひします　あてゝ下さい」

答　セル

三　〃「そうです　では中に何が入つてゐますか　さあこれを……(少し間をおいて)それでわ
これを　あてゝ下さい」

答　菓子と果物

四　〃「今　の手下袋の中にはどんな菓子と　どんな果物が入つてゐますか　さあ
お願ひします　あてゝ下さい」

答　キャラメルと
リンゴと梨

五　〃「ではもう一度お尋ねしますが　キャラメルがいくつ入つてゐますか　どうぞ
あてゝ下さいそれから……さあ　リンゴがいくつで梨がくつ入つてゐますか
分りますか　お答へ下さい」

答　キャラメル一
リンゴ三ケ　梨六ケ

と言ふ様に明確に質問すること

この場合　菓子や果物類には十以上の数はあてはめてないの

であるから、鍵が二つ重なつても三つ重なつても凡例の如く個々別々の種類と言ふことになるので、凡例の如き場合にも、さあこれを、を三〇とか或はそれではこれを。を四〇とか言ふ樣に考へずに、三と〇とか、四と〇と言ふ樣に判斷すべきで、十以下の鍵の場合は何れも同樣と考へてよい。

右の如く、練習の如何に依ては斯如き複雜なる物品あても出來、種々の物品とその狀態とを間違なく言ひあてられて觀衆の心膽を寒からしめることと請合である、以上の如き例を擧げれば無數にあるがその方法は何れも同じであるから原理さい呑み込んで了へば時と場合とに應じて自由自在に問答が出來るのである。

併して、十個の基本的鍵のみに於ても斯の如く出來るのであるから、最初に說いた樣に、二十個の鍵を應用したらんにはもつと〳〵複雜なる實驗が出來ることは言を俟たず依て各位に於かれても此點に深く留意して充分なる工夫もし考案もし練習することを希望する次第である。

人物感知

人物あてにしても格別前の物品あてと異る所はない、ただ秩序正しく組立てられて一々數字の鍵にあてはめられた暗號に於て適確に言ひあてることが出來るものである、從てやはり人物に就て必要なることを以前と同樣に鍵にあてはめておけばよろしいのである。

次に人物に就て數字の鍵にあてはめる凡例を擧げやう。

凡例

（一）人物の鍵

一 子供
二 老人
三 男子
四 婦人

凡例

（二）服裝の鍵

一 印伴天 ハッピ
二 洋服
三 和服

四 羽織
五 マント
六 オーバ
七 二重廻
八 コート

凡例

（三） 髪の鍵

婦人の場合

一 丸髷
二 斷髪
三 耳かくし
四 束髪
五 島田
六 銀杏返し
七 桃割

男子の場合

一 五分刈
二 七三分
三 眞中分
四 長髪
五 角刈
六 オールバック
七 禿頭

八　切下
九　お下げ

八　一分刈
九　ゴマ塩

凡例

（四）職業の鍵

一　勤人
二　商人
三　農業
四　醫師
五　旅館業
六　宗教家
七　職人
八　軍人
九　教育家

と言ふ様に　鍵を定め　これに數字の鍵　或は物品あての

鍵等を利用すれば、 年齢から服裝 髮の形から大體の職業までも言ひあてることが出來るのである。

この他各自に於て必要と認めたる事柄 例へば服裝の鍵について言へば詰襟服とか背廣とか或はモーニングとか又職業の鍵について云へば凡例に定めた鍵よりもつと具体的に即ち會社員とか銀行員とか實業家 藝術家 工業家 料理業の如く 其他眼鏡とか指輪 帽子 着物の色等は以前物品あてに於て定めたそれ〲の鍵を應用することに依て出來るのである。

次に之に依て實驗の場合の凡例を擧げて見ることにする。

凡例（一）

動力者の質問　「さあ―三―　此所に居られる方はどう云ふ方ですかあてゝ下さい」

人物の鍵（三）に依て　答　男子

〃　「でわどんな服装をしてゐられますか　どうぞ―一―　あてて下さい」

服装の鍵（一）に依て　答　ハンテンを着てゐます

〃　「どんな頭をしてゐますか　分りますか―六―　あて、下さい」

髪の鍵男子（六）に依て　答　オールバック

〃　「どう言ふ御職業の方でせうか　お願ひします―七―　あて、下さい」

職業の鍵（七）に依て　答　お職人

〃　「ではお年令はいくつ位でせうか　さあ―三―　はつきりと―八―　お答へ下さい」

數字の鍵に依て　答　三十八歳位

凡例（二）

動力者の質問　「それでわ―四―　此所に居られる方ばどんな方ですかおどへ下さい」

人物の鍵（四）に依て　答　御婦人

〃　「さあ―三―　それでは―四―　どんな服装をして居られますかお答へ下さい」

服裝の鍵三と四に依て　答　和服に羽織

〃　「そうですではどんな色の羽織をめしてゐますか　どうぞ　お度へ下さい」

色の鍵（四）に依て　答　黒

〃　「それでわ　どんな髪をして居られますかあてゝ下さい」

髪の鍵（四）に依て　答　束髪

〃　「でわ　今　の方のお年はいくつ位でせうか　お願ひします　あてゝ下さい」

數字の鍵に依て　答　二十七才位

凡例（三）

動力者の質問　「さあ　この方はどんな方ですか　どうぞ　あてゝ下さい」

人物の鍵三と一に依て　答　男の子供

〃　「では　今　どんな服裝をして居られますかお答へ下さい」

服裝の鍵（二）に依て　答　洋服

〃　「どんな色の洋服を着てゐられますか　分りますか　お答へ下さい」

色の鍵（六）に依て　答　茶色

〃　「お年はいくつ位でせうか　はつきりと　お答へ下さい」

數字の鍵に依て　答　八才位

斯くの如くして人物の樣子を適確に云ひあてることか出來るのである、この中、職業や年齡などは、先に動力者が、その人に就てよく聞いておいてから行ふのであるが、凡例の如く應答するときは一人の樣子を言ひあてるのに四五回の質問應答をくり返すことになつて、實驗者は質問が短いから大變樂であるが、觀衆の側から見れば何となくなまぬるい感じばかりでなく何だか變だと云ふ疑ひが起り易くはないかと思ふのである、そこで觀衆に疑念を起さしめない樣にこの四五回の質問を二回位に切りつめて行へる樣に平素から練習しておくことか肝要である、それには平常から實驗者の間に於て質問の順序をはつきりと定めておく必要がある、尤もこれはひとり人物あてのみならず、物品あてに於ても同様であつて例へば物品あての場合には、初めにその容器即ち入物をあて次に内容をあて、更に品別或は數をあてると言ふ風に、人物あてに於ても、初めに男女の別をあて、次にその服裝をあて、次に服裝の色をあて、頭髮の形をあて、最後に職業或は年齡をあてると云ふ樣に、物品あてにしても、人物あてにしても、數字の鍵を用ひることは一番最後にすると云ふ風に定めておくのである、故に四五回以上を要する質問應答を二三回位に切詰めて行ふ場合には、動力者は先づ最初に十以下の鍵にのみあてはめてある鍵を一回の質問の中になるべく感知者に解し易く順序正しく折込んで行くのである、この場合感知者は前に物品あての項に於て詳しく說明しておいた樣に、動力者がお答へ下さいごかあて〻下さいごか云ふ最後の言葉を終へてからその質問の要旨をよく頭の中で考へて、鍵が二つ重なつても、三つ重なつても、それを個々別々に判斷して答を出すのである。

例へばこれを凡例の一に應用して見るなれば

動力者の質問　「さあ(三)　此所に居られる方はどんな方でどう云ふ服装をしてゐられますか　どうぞ(一)　仰せ下さいそれから頭はどんな形ですか　分りますか(六)　お答へ下さい」

答　一　人物の鍵に依て　男子
　　二　服裝の鍵に依て　ハンテン
　　三　髮の鍵男子に依て　オールバック

〃　「何御商賣の方でせうか　お願ひします(七)　序にお年はいくつ位でせうか　さあ(三)

はつきりと―八―　お答へ下さい」

答　一　職業の鍵に依て　お職人
　　二　數字の鍵に依て　三十八才位

云ふことになつて前回の五回の質問か二回でこと足りる様になる、凡例の二の質問も二回で充分であるし、凡例の三に於ては只一回の質問に依て四種の異なつた答を出すことが出來るのである。

即ち

動力者の質問　「さあ―五―この方はどんな方ですか　どうぞ―一―あてゝ下さい　で　今―二―どう云ふ服裝で　どんな色のを召してゐませうか　分ります―六―か　序にお年もいくつ位かはつきりと―八―　お答へ下さい」

答　一　人物の鍵に依て　男子の子供
　　二　服裝の鍵に依て　洋服
　　三　色の鍵に依て　茶色
　　四　數字鍵に依て　八才位

と云ふ様にその練習と工夫とに依て　斯くも種々な方法に

依て巧みに目的を達することが出來るのである。

此場合感知者は動力者の質問の順序の通りに返事しなければならないと云ふことはない、そこは感知者の機轉と工夫とに依て　觀衆の耳に極めて自然に聞ゆる樣にその答を前後轉倒してもよいから（答八才位の男の子さんで茶色の洋服を着てゐられます）と云ふ樣にすればよい

即ち凡例の一の場合でも　最初の答男の方で髮をオールバツクにしてはんてんを着てゐられます次の答お年は三十八才位でお職人さんです　と云ふ樣にすればよいのである。

こゝで一寸注意しておきたいことは　あてゝ下さいとか或はお答へ下さいとか云ふ最後の言葉　即ち　質問はもうこれ

で終りですと云ふことを感知者に知らせる言葉　これをも何れか一方に定めておくとよい　本書では假にお答へ下さいと云ふ言葉を最後の言葉として定めたとする、すると感知者は、動力者がお答へ下さい　と云ふ言葉を濟ませると　直ちに質問はもう終りだな　と考へて答を出すのにまごつかないのである。

この他に人の身體各部を云ひあてることも出來る

勿論それには又身體各部を順序よく　數字の鍵にあてはめておかなければならない。

凡例

一　頭　　六　胸　　十二　左足

二	耳	七	背中	十三	手の指
三	眼	八	右手	十四	足の指
四	鼻	九	左手	十五	手の爪
五	口	十一	右足	十六	足の爪

右の如く定めて見たが、これを用ひて實驗する場合は動力者が或一人の傍に行き一々其身體各部を指しながら質問するのである。

凡例

動力者の質問「こゝはどこですか　どうぞ仰せ下さい」答　頭
〃「今のところはどこですか　あてゝ下さい」答　耳
〃「今度はどこですか　さあ仰せ下さい」答　眼
〃「それでわ　こゝはどこですか　お答へ下さい」答　鼻
〃「ではこゝはどこですか　はつきりと　お答へ下さい」答　右手

動力者の質問「こゝわどこですか　もしどうぞ　お答へ下さい」　答　右足

と云ふ樣に　最も簡單に行はれるのである。

尙この場合物品の鍵を用ひて實驗することも出來る。

凡例

動力者の質問「今　のは何ですか」　答　帽子

〃「次は何すすかはつきりと」　答　ネクタイ

〃「今度は何ですか　どうぞ　今　のを」　答　眼鏡

〃「さあ　今度は何ですか　どうぞ」　答　時計

〃「さあ　これは何ですか　それでわ」　答　指輪

この場合は只身體に附いてゐる品物を一々指摘しつゝ質問するだけで、要は物品の場合と何等變りはないのである、何人を實驗體にしても同じで「人物あて」は斯くの如く容易く且つ簡單に行はれるのである。
次に最も至難なる姓名あての方法を述べることにする。

姓名感知

姓名あては單獨に姓名のみをあてるよりも、矢張り各種の實驗に附隨して行ふ方が、興味のあるものである、例へば　名刺に刷られた名前だとか　手帖の所有者　書信の宛名　差出人　書籍の著者とか或は物品あてに提出せられたる品物の持主人物をあてた序にその人の姓名をもあてるなどと　種々の場合に應用して　觀衆をして「あつ」と驚歎の聲を發せしめるものである。

然しながらこれは靈交術實驗中　最も困難なるものである何となれば　通常實驗の場合に　觀衆より差出される品物は大凡そ　其の種類も定まつてゐるから（故意に豫め珍奇で突飛なるものを用意せられない限りは）從つてそれに附隨する數や　內容等にも凡その限度があるのであるが　姓名は多種多樣で限りがない、如何に明晰な頭腦の所有者でも無限のものを　無限に記憶することは出來ない、そこで　姓名あての理想的方法は「アイウエオ」五十音及びその濁音とを　一個づつの鍵にあてはめておくことである、此の方法ならば　その各音の組合せに依て如何樣にも變化することが出來るから何人の姓名でもあたる譯である。

併しこれは今までの　物品あてや　人物あて等の如く簡單には出來ない、殊に非常に長い姓名などであれば動力者は非常に多數の鍵を使用して感知者に知らせなければならないから、從て其の質問語數も非常に多くなり觀衆に疑を抱かせることになる、そこで動力者は自分と感知者の力に應じて餘り長い姓名や又は鍵にあてはめてない音の混つたもの等は出來る限り省いて行く樣に臨機應變の處置を取らなければならない、勿論か丶る場合は最も自然的に次の實驗に進む樣に注意すべきは言を俟たない。

姓名は普通　アイウエオ五十音と其濁音とで大底間に合ふものである　右の五十音の中　ヒとウは同一文字が二個ある

から差引四十八の淸音と　ガギグゲゴ　ザジズゼゾ　ダヂヅデド　バビブベボの濁音である、此の中イとヰ　エとヱ　オとヲ　ジとヂ　ズとヅとは言語の上では殆と同一に用ひられてゐる。

以上の外に　ンとパピプペポの半濁音及び　キヤ　キユ　キヨ　リヤ　リユ　リヨ　ミヤ　ミユ　ミヨ　シヤ　シユ　シヨ　チヤ　チユ　チヨ　等の如き混成音とがあるが　ンはムと共通に扱はれ得るし　半濁音は通常邦人姓名中には餘り用ひられず　又混成音の方は淸音の鍵の組合せを判斷すれば自然に判明する筈であるから　これも鍵に入れる必要はないと思ふ。

そこで姓名あてに必要な音は

清音四十四と
濁音十八との六十二音
になるが　濁音は清音を基礎としたもの故　清音の鍵に
エー　と云ふ附屬語を附せば出來ることになるので結極　音
の鍵は四十四で間に合ふことになる
これを最初に定めた鍵によつて　アイウエオ順にあてはめ
て見ると次の如くなる

凡例

一　ア　どうぞ
二　イ　今
三　ウ　さあ
四　エ　それでわ
五　オ　願ひます
六　カ　分りますか
七　キ　お願ひします
八　ク　はつきりと

九　ケ　お早く

十一　コ　もしどうぞ

十二　サ　どうぞ今

十三　シ　どうぞさあ

十四　ス　どうぞそれでわ

十五　セ　どうぞ願ひます

十六　ソ　どうぞ分りますか

十七　タ　どうぞお願ひします

十八　チ　どうぞはつきりと

十九　ツ　どうぞお早く

二一　テ　今どうぞ

二二　ト　もし今

二三　ナ　今さあ

二四　ニ　今それでわ

二五　ヌ　今願ひます

二六　ネ　今分りますか

二七　ノ　今お願ひします

二八　ハ　今はつきりと

二九　ヒ　今お早く

三一　フ　さあどうぞ

三二　ヘ　さあ今

三三　ホ　さあもし

三四　マ　さあそれでわ

三五　ミ　さあ願ひます

三六　ム　さあ分りますか

三七　メ　さあお願ひします

三八　モ　さあはつきりと

三九　ヤ　さあお早く
四一　ユ　それではどうぞ
四二　ヨ　それでわ今
四三　ラ　それでわさあ
四四　リ　それでわもし
四五　ル　それでわ願ひます
四六　レ　それでは分りますか
四七　ロ　それでわお願ひします
四八　ワ　それでわはつきりと
四九　ン　それでわお早く

これで清音の鍵が定つたから　今度は清音の鍵に「エー」さ云ふ暗號を附けて　濁音の鍵にする

六　ガ　えー分りますか
七　ギ　えーお願ひします
八　グ　えーはつきりと
九　ゲ　えーお早く
十一　ゴ　えーもしどうぞ
十二　ザ　えーどうぞ今
十三　ジ　えーどうぞさあ
十四　ズ　えーどうぞそれがは
十五　ゼ　えーどうぞ願ひます
十六　ゾ　えーどうぞ分りますか

十七　ダ　えーどうぞお願ひします　二一　デ　えー今どうぞ
十八　ヂ　えーどうぞはつきりと　二二　ド　えー今もし
十九　ズ　えーどうぞお早く

これで濁音の鍵が定た譯であるが此の中で　ズとヅ　ヂとジは鍵の都合で何れを用ひても差支ないがこの濁音は清音の綴合せに依て　常識上判斷し得られるから止むを得ざる必要のない限り即ち　清音の區別が判然とついてゐる場合の外は餘り使用せぬ樣に心懸くるがよい。

例へば、姓即ち苗字の場合であつて見れば　清音の綴合せが　ウチタとなれば　内田であり　クトウとなれは　工藤であり　シヨウシとなれば　庄司であるとか或は又　ススキとなれば鈴木である樣に　感知者に於て常識を以て判斷するの

であるが　名前の場合には而く簡單に行かない場合もある即ち泰《タイ》治《ジ》郎《ロウ》と云ふ名前もあれば大《ダイ》治《ジ》郎《ロウ》と云ふ名前もあり　金《キン》藏《ゾウ》と云ふ名前もあれば銀《ギン》藏《ゾウ》と云ふ名前もあり　或は賢《ケン》治《ジ》と云ふ名前もあれば源《ゲン》治《ジ》と呼ぶ名もあるであらうから　その點は動力者も感知者も充分留意を要するのである、併し名前の場合でも　金藏とか賢治とか呼ぶ場合にそれをキンソウとかケンシとか呼ぶ様なことは殆どないと云つてもいゝ位であるから斯かる場合に於ても　動力者や感知者は充分に常識を働かして判斷し　質問應答すべきである、斯くすればこの複雜なる音の鍵を幾分でも　容易く扱ふことが出來るのである要するに　この姓名あては　今までの數字あてや　物品あてなど

と違つて動力者も感知者もお互に鍵と常識とを　より以上に
働かせなければならないと云ふことになる。
この他特別の鍵即ち　暗號として
モシモシ　（清音二個續く場合）例へば、ササの如き
アアモシモシ（濁音二個續く場合）例へば、ババの如き
デハ　（同音を引く場合）イトー　カトー　ロー　ゾーの如き
右の三個の暗號を定め　これを音の鍵に附して用ひるので
ある、例へば
「もしもし　どうぞ今お願ひします」と言へば
ささき　となるが如く
これで姓名あてに必要な鍵は出來たのであるが　音の鍵は

物品あての鍵などと違つて　一個の鍵が　一個の姓名を表すのではなく　一個又は二個の連結されたる鍵でも　單に一音を表はすに過ぎないから　一人の姓名を言へ表はすにも多數の鍵を必要とする　從て質問語數の多くなるのも又止を得ないことであるが、これを一時に續けて終ふと　非常に不自然でもあり且つ聞き苦しくもあり、判り難くもあるので　此場合の質問は「一と句切り」づつに切つて徐々に行ふ方がよろしい、感知者はその一と句切りづつをよく考へて最後まで聞いた後に答へるのである、次にも凡例を擧げて尚說明を加へることにする。

凡例（一）

動力者の質問 「これは何ですか お早く《九》 おあて下さい」

物品の鍵(九)に依つて 答 名刺

〃 「さあ《三》 それならどんな方の名刺ですか」

人物の鍵(三)に依て 答 男子

〃 「序にこの方の御姓名を どうぞ《一ア》 願ひます《五チ》 よく考へて 御願ひします《七キ》」

答 なし

〃 「今《二イ》のを どうぞ はつきりと《一八チ》 御返事下さい 分りましたか それではお《四十ロ》
願ひします お答へ下さい」

答 青《アチ》木《キ》一《イチ》郎《ロー》

凡例(二)

動力者の質問 「これは何ですか さあどうぞ《三一》 あてゝ下さい」

物品の鍵(三一)に依て 答 時計

〃 「さあ《三》 今の《二》はどう言ふ方の御持ちになる時計でせうか 序に何側ですか さあ《三》
お答へ下さい」

答
一 時計の鍵(三)と(二)に依て 御婦人用腕時計
二 金屬の鍵(三)に依て 金側

助力者の質問　「そうですよくあたりました序に持主のお名前もあてゝ頂きたいんですが　分りますか　どうですが　もし今のを　でわ　あてゝ下さい」

答　なし

〃　「まだ分りませんか　今はつきりと　あてゝ頂きたいんですが　それでわ　願ひます　もし　どうぞ　お答へ下さい」

答　加藤ハル子

凡例（三）

〃　「これは何ですか　どうぞ　あてゝ下さい」

物品の鍵（一）に依て　答　銭

〃　「それでわ　どんな銭ですか　どうぞ　お答へ下さい」

銭の鍵（四）に依て　答　一圓紙幣

〃　「そうです　それでわ　紙幣の番號をあてゝ頂きたいんですが　分りますか　どうぞ　はつきりと　お早く　願ひます　分りましたらお答へ下さい」

數字の鍵に依て　答　四六、一八九五

〃　「序に所有者の御名前をあてゝ頂きたいんですが　もしもし……どうぞ　それ

| でわ | 御願ひ《キ》します | さあそれ《マ》でわ | どうぞ今《サ》のを | 願ひ《オ》ます | お答へ下さい
答　鈴《スス》木《キ》正《マサ》夫《オ》

斯の如くして何れも適中して行く

この場合の注意として

一、凡例の如く先づ初めに　男子か女子かを判明させておく方が　感知者にとつて次の姓名が考へ易いことになる。

二、次に姓名の質問であるが、これは觀衆には單に最初のお名前は　の質問のみで感知者が答へ得る様に思はせなければならない　そこで第二第三の鍵を云ふ場合には質問の形式でなく　感知者の答へがおそいのでこれを催促するとか　又は注意するとか思はれる様な口調で云ひ送るのである。そして最後に　もう云ふことはないと云ふ合圖のかわりに　お答へ下さいと云ふ言葉を　必ず入れることにする、すると感知者は後の言葉を待たずに答へることが出來るのである。

三、連結されたる一續きの鍵例へば「今はつきりとは二八でハ」とか「今どうぞは二十一でテ」などは必ず　その一續きに離すことなくそのまゝの形で質問語中に入れなければならない　若しこれを分離して「今のをはつきり」などと云へば　今は（二一）でイであり　はつきりと　は（八）でクを表すことになつて　所要のハにはならないのである　この點も物品あての時より餘程難かしいのであるからよく注意を要する。

四、感知者は鍵によつて一つ宛云ひ送られた音を綴合せて行き　常識判斷によつて　姓と名とを　判別し　最後に姓名の形態を備へたとき初めて答るのである、從てこれは數字あてや　物品あてなどよりは勿論時間を要するが「姓名あては中々面倒であらう」と云ふ感じは何人も持つものの故相當の時間考へても別に怪しまれはしない譯である、寧ろ靈交術に於ては餘りに　間髪を入れぬ樣な即答は却て無氣味なものである。

五、併しながら又餘りに注意的發言が多過ぎたり、感知者の沈默が無暗と長過ぎたりするのも面白くない、そこで場

合によつては　姓と　名と分けて質問するのも一の方法である。例へば

質問「御苗字は何と言ひますか　どうぞ　あて〻下さい　分りますか　えー御願ひします　お答へ下さい」で　答は　赤城《アカギ》となる

そこで又勤力者は

「もしもしどうぞそれでわ　御名前をあて〻頂きたいと思ひますが　さあ分りますか　お答へ下さい」

などと云つて「すすむ」の答を得ると云ふ方法である又ある場合には單に苗字だけあて〻名前は省略しておくことも出來る譯である　何れにせよ姓名あては　相當苦心を要する實驗故餘り數多く行はない方がよい。

以上は鍵を用ひて行ふ苦心のある姓名あてであるがこれを

容易に行はむが爲に　實驗者中の或人々は　さくら（仲間）を用ゆることがある、即ち互に相談の上で實驗者の同類を一人乃至數人を最初より觀衆中に入込ませておき　實驗の際彼等に觀衆を裝はせて、名刺とか　手紙の類を提出させてそれに記載してある所の姓名を問ふのであるが感知者は最初より心得て居る姓名故　勿論適中間違なしで何等の苦心も　努力も要せぬ譯であるがこれ等の方法は最も卑劣であつて決して奬勵すべきことではない、寧ろ何人の姓名でも自由に云ひあて得られる第一の方法即ち鍵による方法が却つて實驗者にとつて愉快なものである。

尙この四十四音の鍵を利用すれば　姓名あて以外の事物で

も鍵に定めてないものでも　動力者の質問宜しきを得れば適確にあてることも出來る譯でまさに大衆感歎の的となるのである。

勿論斯の如き姓名以外の場合に　音の鍵によつて送言せむとするならば　感知者に先づそれを知らせなければならないそこで　斯る場合の特別の暗號として「少々むづかしいのですが」などの質問を言葉の中に入れて　今度のは姓名ではないが　音の鍵によつて送音する　この意を表すのである、斯くの如くすれば如何なる難物を用意されても敢て恐れることはないのである。

これで大体姓名あての原理も諒解出來たことゝ思ふから次に

移る。

隱し人探知

これは前述の如き　動力者と感知者との單なる問答的實驗ではなく　或物品の隱し主　を感知者自身に目隱しのまゝ步行しつゝ　探しあてる實驗である。

此場合

一、動力者が或物品（何でもよろしい）を　觀衆中の一人に直接渡し　その人を直ちに　隱し人　にする方法

二、動力者が或物品を觀衆中の一人に渡し　それより順次觀衆の手から手に隨意に渡らしめ　最後に物品を隱し

持つたる人を　隱し人にしてあてる方法

との二つある　勿論後者の方が熟練を要するは云ふまでもない、何れにせよこの實驗は　別に動力者の質問を必要とし

ないから　今までの如く質問時の鍵に依て　隱し人を通知する譯には行かないのである、そこでこれには　言語のトリック以外に種々の方法を用ゆるのである　先づ隱し人は成るべく判り易い場所に居る人を選ぶことである。

例へば　前から何番目の机の角に居る人とか或は幾つ目の柱の前に坐を占めてゐる觀衆中の一人をその時の隱し人として　豫め實驗前に動力者と感知者との間に約束しておく、これは勿論第三者の居らない所で他人に知れぬ樣に定めるので

あるが　更にその定められた隱し人の服裝、體格　其他の特徵をよく見定めてこれを目標さしておく、勿論これも觀衆に知れぬ樣に舞台に出る前さか　或は休憩時間中などにしておくのである。

次に感知者が其の實驗の場所に慣れておれば　以上の準備だけでも　手探り　足探りで大底目的の人物に近づけるが、あまり時間がかゝるのもよろしくない、　そこでこの場合は目隱しの布を少し見える位の薄い布に取替ておく必要がある。即ち目隱布は最初見物人に一應改めて貰つた後　行ふのであるからその檢査濟の布では見えない譯である　でこれも實驗の途中で一度休憩をなし、　次に觀衆の前に出るさき以前の日

隠しと同色　同形の一見同一のものとしか見えない布を持出して目隠しをなしこの實驗に取りかゝるのである。

これで一の場合であれば　動力者は隠し人と定めた目標人物に　どうぞこれをお持ち下さい　と何かを渡し　最初の豫定通りに隠し人は定めて終ふが　二の場合にはそう簡單には行かない　そこでこの場合　動力者の定めた目標人物よりも數人乃至十數人程手前の一人に、どうぞそちらへお廻し下さい　と云ひつゝ或物品を渡し其の品はその方向に次ぎ次ぎと移り　さてそれが目標人物の手に渡された時動力者は最も自然的に巧妙に　どうぞその邊でお止め下さい　とか又はそれ位にして置きませう、とか云つて最初の通りに正に目標人物が探し人となる樣に注意しなければいけない。

斯て事が順調に進んで　豫定の目標人物が實際の隱し人となれば、　感知者は最も容易に探しあてることが出來る譯であるが併し　二の場合には往々にして　物品が目標人物より前で止るとか　又は行き過ぎるとか　或は違つた方向に廻されて終つたとかして　其の隣人又は前後の人々が隱し人となることがある　斯る場合には動力者は感知者にこの　急變　を何等かの方法で知らせなければならない　こゝに又　言語の鍵が必要になつてくるのである　併しこの場合の鍵は　以前質問上に用へたものでは用をなさない　そこで隱し人探し特有の鍵を定めることになるのであるが　鍵　選定の要素は最初述べたのご少しも變らず　この場合に最も相應しい用語でなくてはならないのである。

次に其の凡例を擧げてみるご

凡　例

一、先生願ひます……物品が廻されて隱し人が固定された時に感知者に「もう歩き出してもよい」とのことを通ずる合圖

二、注意して……は　目標人物であり

三、どうぞ……は　前であり

四、よく……は　後であり

五、願ひます……は　右であり

六、御願ひします……は　左であり

七、では……は　二人目であり

八、それでは……は　斜二人目である

九、あー……は　二人目のとなり

右の中　一は感知者發足の合圖であり二より九までの鍵は　感知者が目標人物の方へ來る途中の所で隱し人を知らせるために用ゆる暗號である。

この八個の鍵の組合せに依て、目標人物の周圍二十四人までの（目標人物とも二十五人）隱し人を通知出來るのである然もこれ等の言葉は動力者が感知者に對し目隱しをしてゐるから氣をつけてと云ふ注意的言葉であり且又一回云へば事が足りるのであるから　第三者からは容易に悟られはしないのである。

次にこの鍵に依て二十五人の隱し人を知らせて見やう

（圖解參照）

凡例

一、注意して…………………隠し人は目標人物である
二、どうぞ注意して…………隠し人は目標人物のすぐ前である
三、よく注意して……………隠し人は目標人物の直ぐ後である
四、注意して願ひます………隠し人は目標人物の右隣りである
五、注意して御願ひします…隠し人は目標人物の左隣りである
六、どうぞ注意して願ひます………隠し人は目標人物の直ぐ前の右隣り（右斜前）である
七、どうぞ注意して御願ひします……隠し人は目標人物の直ぐ前の左隣り（左斜前）である
八、よく注意して願ひます…隠し人は目標人物の直ぐ後の右隣り（右斜後）である
九、よく注意して願ひします………隠し人は目標人物の直ぐ後の左隣り（左斜後）である
一〇、ではどうぞ注意して……隠し人は目標人物の前二人目である
一一、ではよく注意して………隠し人は目標人物の後二人目である

一二、では注意して願ひます…隱し人は目標人物の右隣り二人目である

一三、では注意して
　お願ひします……隱し人は目標人物の左隣り二人目である

一四、ではどうぞ
　注意して願ひます……隱し人は目標人物の直ぐ前の右隣り二人目である

一五、ではどうぞ注意して
　お願ひます………隱し人は目標人物の直ぐ前の左隣り二人目である

一六、ではよく注して
　願ひまず…………隱し人は目標人物のすぐ後の右隣り二人目である

一七、ではよく注意して
　お願ひします……隱し人は目標人物の直ぐ後の右隣り二人目である

一八、あーどうぞ注意して
　お願ひします……隱し人は目標人物の前二人目の右隣りである

一九、あーどうぞ注意して
　お願ひします……隱し人は目標人物の前二人目の左隣りである

二〇、あーよく注意して
願ひます……隠し人は目標人物の後二人目の右隣りである

二一、あーよく注意して
お願ひします……隠し人は目標人物の後二人目の左隣りである

二二、それではどうぞ
注意して願ひます……隠し人は目標人物の前二人目の右隣り二人目(前右斜二人目)である

二三、それではどうぞ
注意してお願ひします……隠し人は目標人物の前二人目の左隣り二人目(前左斜二人目)である

二四、それではよく
注意して願ひます……隠し人は目標人物の後二人目の右隣り二人目(後右斜二人目)である

二五、それではよく
注意してお願ひします……隠し人は目標人物の後二人目の左隣り二人目(後左斜二

人目)である

と云ふことになるが、此の隠し人探しの鍵は一見中々に複雑な様であつて一寸諒解し難いと思ひ特に參考のために圖解までつけたのであるが、尚解り易いやうに次に鍵の組合せ方解き方に就て説明することにする

即ち

八の「隠し人は目標人物の直ぐ前の右隣りである」

と云ふことを云ひ表すには

「よく注意して願ひます」

と云へばよいのである。

これを鍵に依て解くこと、

注意してが目標人物であり、　よくは後であり　願ひますは右であるから　これを鍵の順序に云へば　注意して　よく願ひます　となるのであるが　それでは注意的言葉としても　少々不自然な感じがするから　そこの動力者の工夫によつて凡例の如く極めて自然的に出る言葉の様に　よく注意して願ひます　と云ふ様に發言する

感知者はこの言葉を聞いたならば

よくは後であり　注意しては目標人物であり　願ひますは右であるから　その三個の鍵を組合せそれを常識で判斷すること

「目標人物の前の右隣り」　となるのである

圖解に依て見れば判然するが　後の右隣りは即ち右斜後と
なるのである　次に
「目標人物の前の右隣り二人目（前左斜二人目）と云ふこと
を表すには
「それでは　どうぞ　注意して　お願ひします」
と言へばよい
これを鍵に依て解くと
それでは　は斜二人目であり
どうぞ　は前であり
注意して　は目標人物であり
お願ひします　は右であるから

この四個の鍵を組合せると
それではは斜二人目で　どうぞは前であるから　この二個
で前斜二人目となり　注意しては目標人物でお願ひします
は左であるから　目標人物の左となり　これを前の樣に組
合せそれを常識で判斷すると即ち
「目標人物の前左斜二人目」となる
前左斜二人目は即ち　前二人目の左隣二人目である
（圖解參照）
前にも述べた樣に　こゝでは數字あてや物品あてに用ひた
鍵は全然用をなさないのであるから　數字には何等關係なし
に　ただ動力者の言葉のみを注意してゐればよいのである

斯の如くして　隱し人の豫定が狂つてもその周圍二十四人の中ならば以上の暗號に依て難なく知ることが出來る譯である　併し如何なる場合にも最初約束した目標人物が基となるもの故これを誤らぬ樣に注意しなければならぬ。

又感知者は　最初の「先生願ひます」の合圖で徐々に歩み初め　次の言葉に依て　隱し人は目標人物でないことが判つても　必ず一度は目標人物に近づき　よく見當をつけておいてから目的の隱し人の方に進む方が間違ひがない　尙この場合に隱し人の姓名　年齡　職業などをあてるのもよい方法であるがこの中の姓名は餘程姓名あてに上達してゐて如何なる姓名でも適中出來るとの自信があれば行ふべきである、　一旦動

隱し人探しの暗號圖解

二十三 それでわ とうぞ 注意して お願ひします	十九 あー どうぞ 注意して お願ひします	十 でわ どうぞ 注意して	十八 あー どうぞ 注意して 願ひます	二十二 それでわ どうぞ 注意して 願ひます
十五 でわ どうぞ 注意して お願ひします	七 どうぞ 注意して お願ひします	二 どうぞ 注意して	六 どうぞ 注意して 願ひます	十四 でわ どうぞ 注意して 願ひます
十三 でわ 注意して お願ひします	五 注意して お願ひします	一 **目標人物 注意して**	四 注意して 願ひます	十二 でわ 注意して 願ひます
十七 でわ よく 注意して お願ひします	九 よく 注意して お願ひします	三 よく 注意して	八 よく 注意して 願ひます	十六 でわ よく 注意して 願ひます
二十五 それでわ よく 注意して お願ひします	二十一 あー よく 注意して お願ひします	十一 でわ よく 注意して	二十 あー よく 注意して 願ひます	二十四 それでわ よく 注意して 願ひます

力者が隠し人に向て　あなたのお名前はと尋ねて終つてからでは　餘り難かしいから止めにする　と云ふ譯にはゆかないのである。

さて以上　色々と靈交術實施法について述べて來たが凡例にも見る如く　これを實施するには　大凡そ二三百個位の實物を記憶しなければならない、併し斯る多數の事物を單に機械的に記憶すると云ふことは中々至難なことで憶えにくゝもあり又忘れ易くもあるので　これには特別の記憶法を用ひなければならない　そこで次に靈交術修得には缺くべからざる記憶法について述べることにする。

記憶法に就て

記憶法と云ふこことも學理的に述べるならば　心理學的問題より解き起して順次種々の記憶法の形式に及ぶ譯であるが、こゝではそれ程の必要もないから單に當面の問題　即ち靈交術に必要な點だけを述べることにする。

鍵の記憶法

先づ一番の基礎となる十個の鍵は　僅かに十個であるから一は何　二は何と單に機械的に反覆練習することによつても暗記出來るのであるが　これも工夫次第で一層憶え易くすることが出來るのである。

本書中の十個の鍵に就て云へば

〇、は「コレヲ」………〇のレと「コレヲ」のレとを思合せて　〇と憶える

一、は「ドウゾ」………であるから銅像と結び附ける即ち一番名高い銅像は（ドウゾ）と考てもよい

二、は「今」…………今は音で表せば二字であるから　二と憶える

三、は「サア」………サアのサはアイウエオの三行目であるからサは　三と憶えてもよし又「サア」のサと三のサと同音と記憶してもよい

四、は「ソレデワ」………は字が四ッだから四と憶える

五、は「願ヒマス」………はこれも音で現はせば字が五ッだから五と憶える

六、は「分リマスカ」………これも字か六つだから六と憶える

七、は「オ願ヒシマス」……字が七つ故　七と憶える

八、は「ハッキリト」………ハッキリトのハと数字の八のハと同音と憶える

九、は「オ早ク」………オ早クのクと　数字の九とを思ひ合せて九と憶えてよし

これは種々の記憶法の形式を自分勝手にあてはめてみたのでかなりコジヅケの理由もあるが　斯る心理的問題たる記

憶法なるものは極めて　主觀的のものであるから他人からみて如何に變な記憶法であつても結極自分さへ判然と記憶出來ればよいのである。

併し著者が述べた樣な方法が　最上と云ふのでは勿論ない要するに各自が憶え易い方法を選べばよい譯である、例へばこの鍵を○から九まで順に並べて　それに適當な文句を挾んで唄の樣に　口から出易く　憶え易くして見るのも一方法であらう。

今こゝに著者が定めた鍵を順次に並べて其方法で適當に文句を捜入して見ると次の樣になる。

（○）これを　（一）どうぞ　（二）今あてゝ

（三）さあ　（四）それでわ　（五）願ひます
（六）分りますか　（七）お願ひします
（八）はつきりと　（九）お早く　答をして下さい

と云ふ様にこれを唄の文句の様にすれば

これを　どうぞ　今　あてゝ
さあ　それでわ　願ひます
お願ひします　はつきりと
お早く　お答へして下さい

斯ふ云様にすれば　極めて自然的に唄の文句の様になつて記憶し易いのである。

要するに十個の鍵の記憶は別に困難なことではないがたゞ之が總ての實驗の基礎となるのであるから何よりも最初に最も確實に記憶しておかなければならないのである。

物品記憶法

物品は鍵と結び付けて中々に多數記憶しないければならないから十個の鍵の如く簡單には行かないが併し方法宜しきを得れば、大して難しいことはないのである、先づ最初に○から九までの鍵にあてはめた物品はその鍵を用ひて最も言ひ表し易い樣に適當な言葉を連結する方法がよからうと思ふ。

物品の場合には一々數と物品とを結び付けて、一は錢二は帽子と云ふ樣に記憶しなくてもよいと思ふ、何故ならば物品の場合はその物品に對する動力者の質問は凡て數字の鍵を以てするのであるから鍵に物品名をあてはめて記憶すればよ

い譯であり　且又確實に記憶が出來るのである　例へば「これは何ですかどうぞ」と云つた場合一々數字に結び付けて記憶してゐたとすると、どうぞは一であり　一は錢と云ふ樣に二重に判斷しなければならないが　前にも云つた通り基本となる十個の鍵は既に諸君の頭に確實に記憶せられて終つた後であるから平素我々が一二三四五六七八九と云ふ樣に使用されてゐる數字は諸君の頭には、どうぞ　今　さあ　それでわ願ひます　分りますか　お願ひします　はつきりと　お早くと云ふ樣に入つてゐるのであるから、お願ひします　と云へばすにぐ　七　であると云ふことを必然的に頭に浮んで來なければならないのである。

故に物品も一は何　二は何と記憶するよりも　コレヲは何ドウゾは何と云ふ樣に記憶した方が記憶し易いのであり且叉實驗時に於て問答する場合早く適確に答へることが出來るのである。

著者は斯く云ふもこれは著者の考へのみであつて　各自に於ても記憶に都合よき方法を選ばるべきは勿論であるが　こゝでは著者の考へる方法に依て說明したのである。

即ち本書の例に依て〇より九までの物品を記憶し易い樣に各鍵にあてはめて見ると次の樣になる。

〇　サイダー　　サイダーはこれを下さい

一　錢　　ドウゾ　錢を下さい

二　帽子　　今の帽子を見せて下さい

三　手帖　　　　サア手帖に書いて下さい

四　羽織　　　　ソレデワ羽織を着て行きなさい

五　手紙　　　　願ヒマス手紙を出して下さい

六　巻煙草入　　巻煙草入の中の煙草は何ですか分りますか

七　切符　　　　オ願ヒシマス切符は各々にお持ち下さい

八　ネクタイ　　ネクタイはハッキリト結んで下さい

九　名刺　　　　名刺はオ早ク出して下さい

と云ふ如に出來る

斯の如く最初から　數字に重きをおかずに練習すれば

これを　と言へば直ちに　サイダーを思出し

どうぞ　と言へば錢を

さあ　と言へば手帖を

今　と言へば帽子を

それでわと言へば羽織を

と云ふ様に、一々　數字に頼らなくとも易々と判斷出來る樣になるのである。

右の如くして以下順次この方法で練習して行ても　五十や百位の物品名は案外容易く記憶出來る樣になると思ふ、この外連想法に依て記憶力を增進する方法もある。

即ち十以上の物品は〇より九までの物に最も因める物品を秩序よく並べ　〇のつく數、即ち一〇、二〇、三〇、四〇、五〇等のものは〇の列　一のつく數、即ち一、一一、二一、三一、四一、五一等の物を一の列におき　その各物品の間には適當な言葉を挾んで兩者の關係をつけるのである、今本書中に擧げた六十種程の物品を左の如く並べて見ると

〇の列	〇 サイダー	10 ラムネ	20 コップ	30 菓子	40 果物	50 新聞
一の列	1 銭	11 銭入れ	21 フクサ	31 時計	41 クサリ	51 メタル
二の列	2 帽子	12 眼鏡	22 襟巻	32 手袋	42 足袋	52 下駄
三の列	3 手帖	13 鉛筆	23 ナイフ	33 萬年筆	43 シャープ	53 ハンカチ
四の列	4 羽織	14 帯	24 紐	34 指輪	44 二重廻し	54 草履
五の列	5 手紙	15 切手	25 葉書	35 筆	45 雑誌	55 書籍
六の列	6 煙草入	16 煙草	26 パイプ	36 煙管	46 マッチ	56 灰皿
七の列	7	17	27	37	47	57

	切符	下足札	座布團	ウチハ	扇子	電氣
八の列	8	18	28	38	48	58
	ネクタイ	ピン	靴下	靴	オーバ	ステツキ
九の列	9	19	29	39	49	59
	名刺	手拭	風呂敷	手下袋	コート	洋傘

右の如くなる。

次にこれ等の間を關連する樣に適當な言葉を入れて見るこ

○の列　サイダーとラムネをコツプで飲み菓子と果物を喰べながら新聞を讀む

一の列　錢を錢入れに入れてフクサに包み、時計にクサリとメタルを付けた

二の列　帽子を被り　眼鏡をかけ襟巻をして、手袋をはめ足袋を履き下駄を履いて行く

三の列　手帖に鉛筆とナイフをはさみ　萬年筆とシャープをハンカチニ包み懐に入れた

四の列　羽織を着て帶をシメ　紐を結び　指輪をはめて二重廻しを着て草履を履

いて行く

五の列　手紙に切手を貼り　葉書を筆で書き出しに行つて雜誌と書籍を買つて來た

六の列　煙草入れの中に煙草を入れパイプとマッチとキセルを灰皿のそばにおいた

七の列　切符を買て入り　下足札を貰び上つたら座布團とウチワを持つてきたが扇子があるからウチワは要らないと斷つて電氣の下に坐た

八の列　ネクタイにピンを刺し　靴下を履いて靴を履いてオーバーを着てステッキを持つ

九の列　名刺を手拭に着けて風呂敷に包み手下袋に入れてコートを着て洋傘を持つ

以上の如くすること一見餘り關係のなかつた物品の間にも一脈の連絡がついて　各列は一文章の如くなり、記憶し易くなる故に練習次第で百でも二百でも隨意に記憶し得る樣になるのである。

この方法は連想による記憶法であつて、如何なる事物を記憶する場合にも應用が出來るのであるが、靈交術實驗に必要な物品を記憶せんとする場合は最初にその物品を連想に都合よき樣に配置して置き後これを數にあてはめればよいのである。

尙參考の爲に次に基礎法による記憶法を説明しやう、これは記憶せんとする物品に對して一つの基礎觀念を作成し　それに記憶物をあてはめて行ふ方法である。

例へば　五十個の品目を記憶せんとするには五十個の基礎觀念を必要とするのであるが　その基礎となるべきものは何

でもよく、イロハ順　五十音順など各自に適當なるものを選ぶのがよい　こゝでは種々の商店を一例として擧げて見ることにする。

先づこれは自己に最も印像の深き商店を店の大小の順なり或は町の順なりに依て、酒屋　時計屋　文房具屋などと並べて行き　一は酒屋　二は時計屋　三は文房具屋と各個に一定不動の番號を附し　最初にこれを確實に憶え込んでしまうのである、　即ち此場合は記憶せんとする品物が五十ならば五十軒の店を選び「何番は何屋である」と云ふことを即座に思ひ出せる樣に練習しておく、　次に各物品を各商店にあてはめておけば基礎の店を思ひ出すと同時にその物品を迅速に思ひ出せることになるのである。

例へば

番號	基礎	物品名
〇	酒屋	サイダー
一	銀行	錢
二	帽子屋	帽子
三	文具屋	手帖
四	呉服屋	羽織
五	郵便局	手紙
六	袋物屋	煙草入
七	劇場	切符
八	洋品屋	ネクタイ
九	印刷屋	名刺

以下何れも斯の如くして靈交術に必要なる　物品の數だけ

を記憶し最初の鍵に依て云へば　コレヲと云はれたとき直ちに酒屋にサイダー　と云ふ樣に思ひ出し、どうぞと云はれゝば　銀行で錢　と云ふ樣に思ひ出すことか出來るのである。

前述の通りこの基礎觀念は如何なるものでも差支ないのであるが、靈交術に於ては記憶すべき物品が少なくとも五、六十個必要であるから　その基礎におく物もそれだけの數に充つるものでなければいけない、例へば身體各部を基礎として見ること。

一頭　二額　三眼　四耳　五鼻　六口　七顎　八頭

九胸　十腰　十一腹　十二背　十三右手　十四左手　十五右足　十六左足

などと定められるが　全身各部に番號を附して見ても倒底五十番までにはならないから從つてこれは記憶數の多いもの

には不向ごと云ふことになるのである。

この點から云へば前述の連想法は數に限りなく行はれる特徴を有し　又この基礎法は　基礎觀念が物品ご番號ごを直接に結びつける鎹ごなつてゐるから、或數を云はれゝば直ちにその番號の物品を思ひ出させて、靈交術には都合のよいことであらうご思ふ。

以上の種々の記憶法を合せ用ゆれば如何なる事物の記憶にも差支ない譯であるが、尙姓名あてに必要な四十四音は單に音であるがために中々記憶し難き故　これに就て少し述べて見る。

音の記憶法

總じてこの音と云ふものは　五十音でも　いろはでも皆夫々各々の使命即ち意義があつて配列されてゐるのであつて敢て言葉順がよいからとか憶え易いからと云ふ譯ではないこれが多年の習慣上　云ひなれて來て恰も言葉順や憶え易い順に並んで居る樣に思はれて居るのであるが、今假りに其の五十音なり　いろはなりが別な意義即ち使命を以て今日新に創制されたものとしたならばたとへそれが如何なる順序に配列されて　あらうとも　敢て不思議に思はないであらうと思ふ。

即ちこゝに說く音の記憶法なるものは　この靈交術の姓名あてを目的として編み出されたものでつまりその使命のため

に今日新に創制されたものと考へればよい、であるからこの配列の順がどうあらうとも　要するに目的を達成するために於ては　從來の五十音と同一意義を有するものと視てよいのである　故に今こゝに配列された五十音も　諸君の練習如何に依ては　從來のアイウエオや　いろはなどと同樣に少しの不自然さもなく發音出來ると同時に　その音に依て直ちに鍵を思ひ出し　鍵に依て音を思ひ浮べで　この靈交術中最も至難とされてゐるところの姓名あても　易々と出來る樣になるのである、要は諸君の練習如何にあるのであるからその點は特に留意して貰ひたい。

そこで前に述べた姓名あての場合に　鍵にあてはめた五十

音を記憶に便利な様に配列して見ること次の如くなる、

	一	一〇	二〇	三〇	四〇
一の列	1 ア	11 コ	21 テ	31 フ	41 ユ
二の列	2 イ	12 サ	22 ト	32 ヘ	42 ヨ
三の列	3 ウ	13 シ	23 ナ	33 ホ	43 ラ
四の列	4 エ	14 ス	24 ニ	34 マ	44 リ
五の列	5 オ	15 セ	25 ヌ	35 ミ	45 ル
六の列	6 カ	16 ソ	26 ネ	36 ム	46 レ
七の列	7 キ	17 タ	27 ノ	37 メ	47 ロ
八の列	8 ク	18 チ	28 ハ	38 モ	48 ワ
九の列	9 ケ	19 ツ	26 ヒ	39 ヤ	49 ン

注意　ヤ行のイエと　ワ行のヰウヱヲとは不要である以上の如く並べること
従列は1 10 20 30 40の五列となり

横列は一から九までの九列となる

これを　アイウエオの如く配列して見ると

一の列　アコテフユ
二の列　イサトヘヨ
三の列　ウシナホラ
四の列　エスニマリ
五の列　オセヌミル
六の列　カソネムレ
七の列　キタネメロ
八の列　クチハモワ
九の列　ケツヒヤン

となり　各音の所在が明かとなる。

これを諸君が日常　アイウエオを讀む如く練習して　數字

と組合せて頭に入れておいたならば　實驗の際質問時の鍵が一を含むものであれば直ちに　アコテフユの五音を思ひ出しその一が二十一であれば　テトナニヌネノハヒの20の列を思ひ出す故　二十一今ドウゾはテ　であることが判るのである即ち一位の各縦線と十位の各横線の交叉點の音を思ひ出せばよい譯であるから少し練習すれば容易に所要の音を喚起し得る樣になり　從て姓名あてその他の難解なる事物でも自由にあてることが出來る樣になるのである。

以上は必要なる範圍に於て種々の記憶法を述べて來たのであるが、これに加へて積極的記憶力增進法を行へば記憶術は尙一段と上達するのである、次にこれに就て簡單に述べることにする。

積極的記憶力增進法

積極的に記憶能力を增進させることは　日常生活にも至つて必要であつて何人も希望する所である、　その方法を詳述すれば甚だ長くなるが　要は身心共に健全になすことにあるので注意一つで何人にも出來る至て平凡なる事實である　即ち萬事攝生を重んじて不規律なる生活を避け　尙進んで身心の正しき　鍛練修養法を適度に行へば常に健康なる身體と爽快なる精神の所有者となり得るのである、　而して更に　腦及び神經には常に適度の使用と休息とを與へて其訓練を怠らぬ樣にするのである。

斯の如くすれば必然的に脳神經の作用は活潑となりその結果記憶能力も增進し　難しきことも容易くなるので　そこには曾て覺えざる興味と趣味とを喚起して益々斯道に精進し得る樣になるのである。

この外簡易に出來て練習を兼ねた記憶法としては平素から同志の者とお互に日常の會話に各種の鍵を使用することである例へば

「オイ君　コレヲ　買て來て呉れ給へ」

と云へば　直ちにその意を察して　サイダーを買て來るとか

「ソレデハ　これを　貰ひますよ」

と云へば　果物を意味するとか
「君　どうぞお早く　持て來て下さい」
と云へば　手拭を意味する　と云ふ樣に
練習法としても　記憶法としても　かなり合理的であり又
平素より右の樣に練習しておくと　實驗の際に於て非常に自
信がつくのである。
さて以上で靈交術の原理方法とその基礎たる記憶法とを說
明したのであるが　言はゞこれは　樂屋内の下稽古であつて
これをいよ〳〵本舞臺で行ふには　これ等を如何に取扱ふべ
きか　本讀みと役割と振りつけは濟んでも　本舞臺の裝置や
裝飾や　全體を統一した氣分などに就てはこれから述べなけ

ればならないのである。

次の實驗時の實際の項にこれ等を詳述したいと思ふ。

實驗時の實際

實驗の場合即ち觀衆の面前に於て靈交術を實驗する場合の方法と云つた所で　別に一定不變の形式がある譯ではなく、矢張り各自獨特の方法を案出して實驗すべきものではあるがこゝには參考として今日まで多くの場合用ひられて來た方法を一例として述べることにする。

主要人物

甲…………動力者

乙…………感知者

丙…………観衆大勢

丁…………挨拶人（あれば都合よきも强ひて必要なし）

　實驗の場所

實驗時の場所は、寺院　公會堂　寄席　劇場その他大衆の集り得る所ならば何處でもよろしいのであるが、感知者の居る場所こ観衆の居る場所こが餘りに接近し過ぎぬ様に注意すべきである、普通の活動館こか寄席の舞臺こ観衆この距離位が適度であるからその心して位置を定めべきである。

　舞臺の準備

舞臺中央に　椅子一脚　それより數間離れたる上手に黒板一個　チヨークこ黒板拭きこを用意しておく

黒板は無論觀衆によく見える樣におくこと
黒板より尙一歩位上手にあまり大きくないテーブルを一個おきその側に動力者が立つ樣にする

實驗の順序

普通實驗の順序は

一、數字あて

二、物品あて

三、人物あて

四、姓名あて

五、隱し人探し

である、而しこれは都合に依て變更しても差支ないのであるが、簡單なる實驗より順次複雜なる實驗に進むこと〻動力者と感知者は必ずその時の順序と實驗の程度とか或は鍵にあてはめてないものが提出された場合に於ける處置等について充分に打合せておくことを忘れない樣にすること。

この場合持に注意しておきたいことは　鍵にあてはめてないものが提出されたときには動力者が故なくしてこれを中止したり或は直ちにこれを斷りなどすることは觀衆に對して不快の念を起さしむること〻なるから、この場合動力者は極めて自然にそれをとり上げて　感知者に對しては本書の姓名あての終りの方に説明しておいた言葉、即ちこれは少し難かしいですが　などと云つて　これは鍵にあてはめてないものですから音の鍵を以て送言すると云ふことを知らせておいてから徐々に音の鍵を用ひて送言するのであるが　この場合感知者はそれが餘り複雜なものであつて判斷が出來ないものであつたならば、暫時沈思默考して動力者の質問をよく考へたと云ふ態度をとり然る後明瞭に「感じません」と答へればよいのである　動力者はこの感じませんと云ふ言葉を聞いたならば　では次に移りますと云つて極めて自然的に次の問題に移る樣にしなければならないこの感じませんと云ふ言葉は、ひとり鍵にあてはめてないものに對してばかりではなく　全實驗を通じて　動力者の質問を感知者が判斷出來ない場合に用ゆる言葉であるから感知者は充分に心に留めておく樣にするのである。

　開會の挨拶

先づ挨拶人登場してその場合に相應しい挨拶を述べる　例へば實驗者の履歷とか　心靈問題に對する挨拶人自身の意見とか　感想とか　觀衆に對する謝辭とか或は實驗中の注意事項その他その場合に關係ある事柄を簡單に述べるのである、　挨拶が濟めば退場する。

　動力者の挨拶

挨拶人の挨拶が終れば　動力者と目隱布を持たる感知者との二人登場、　感知者は設けの椅子の前に立ち動力者は少しく舞臺の前方に進み出て、　挨拶する　挨拶の仕方は　動力

者自身の隨意であるが　必ず說明しておくべきことは、

(一)心靈問題の實驗は總て非常に心身の疲勞を伴ふものであるから一時に多數の實驗をなし續けることは不能であること

(二)實驗時に於ける實驗者の狀態　又は四圍の狀況などが實驗の良否に及ぼす影響の甚大であること

(三)從て斯かる公開の場所　即ち精神の集中し難き場所にあつては餘りに難解なる事物は實驗し得ざること　等である

この他　餘り長くならない程度に於て適當の言辭を用ゆるのはよろしいのであるが　只餘り自家廣告をし過ぎるのは

見苦しくも又聞き苦しいと思ふのである。

實驗

動力者の挨拶が終れば、　これより實驗にとりかゝるのである　先づ動力者は感知者より目隱布を受取り　觀衆中に持ち出て二三人に檢査を行はしめ　觀衆の疑念を去つた後感知者に目隱をさせるのである　目隱布は　通常黑色で手拭大位のもので　地質は何でもよろしいのであるが　隱し人探しの目隱布との關係もある故　餘り厚地でない方がよい　これを普通目隱しをする巾に折つて行ふのである　後感知者は椅子に腰掛け（場合に依ては立つたまゝでもよい）兩手を前に組合せ精神の統一をはかるのである。

この精神の統一をはかると云ふ事は非常に難づかしいことであるが　こゝでは單に形式だけでよいのであるが實際と少しも變らない樣にその型と方法だけは憶えておかなければならない。

椅子に掛ける場合はなるべく淺くかけて　先づ左右の手を右を下に左を上に仰向けに重ねて兩方の親指の腹と腹を輕く突き合せて臍の下邊へ緊かりと押着ける。

次には上半身を眞直ぐに押し立てゝ幾分下腹を突き出す心持にやるのである　そして呼吸はなるべく靜かに細く長く鼻から吸つて口から吐き出すのである、

此場合　會場内を一層神秘的雰圍氣となすために　動力者

は感知者の肩の上に兩手をおきて暫時瞑想し　感知者は完全に統一狀態となつた樣子となつていよ〳〵實驗にとりかゝるのである。

一、數字あて

先づ動力者は觀衆の一人に向つて舞臺の上の黑板に任意の數字を大きく明瞭に五個位書くことを依賴する、依賴された人は、種々の數字を記す　此時動力者は　一つづつ、それを指しながら、感知者に向ひ鍵に依ていくつですかの質問をなし　感知者の答へを得ればその一つを消して次に移る、斯くの如くして順次書かれたる數字を云ひ當終れば次の物品あてに移るため動力者は直ちに舞臺より降りて觀衆の方に來る」

二、物品あて及人物あて　姓名あて

先づ小手調べとして　動力者は觀衆の一人の帽子を指して

質問「今　二　のは何ですか　あてゝ下さい」　感知者の答　帽子

次に眼鏡を指し

〃「これは何ですか　どうぞ　十二　今のをあてゝ下さい」　〃答　眼鏡

又次に襟卷を指し

質問「もし今　二十二　のは何ですかあてゝ下さい」　〃答　襟卷

今度はネクタイを指し

〃「今度のは何ですか　はつきりと　八　お答へ下さい」　〃答　ネクタイ

これは勝手に物品を指しながら行つたのであるが今度は觀

衆中より提出されたるものにうつる。

小手調べが終つたならば動力者は觀衆に向ひ「皆樣のお持ちになつてゐる品物を何でも結好ですから一品づつお貸し下さい」と述べて一つづつ順次に出された物品を受取つて感知者に向ひ質問して行くのである。

觀衆の一人時計を出す

質問「これは何ですか　さあどうぞ（三十一）　あてゝ下さい」

感知者の答　時計

〃「今（二）のはどんな時計ですか」

〃　腕時計

觀衆の二煙草を出す

質問「これは何ですか　どうぞ分りますか（十六）　あてゝ下さい」

感知者の答　煙草

〃「では何と言ふ煙草ですか　―三―さあ　あてゝ下さい」　〃答　バット

〃　―四―それでわ―　何本ありますか　あてゝ下さい」　〃答　四本

觀衆の三紙幣を出す

質問「これは何ですか　―一―どうぞ―　あてゝ下さい」　〃答　錢

〃「―四―それでわ―　どんな錢ですか　―三―さあ―　お答へ下さい」　〃答　十圓紙幣

〃「そうです　―三―さあ―四―それでわ―　紙幣の番號をあてゝ頂きたいんですが　―六―分ります―
か　―一―どうぞ―　―九―お早く―　―五―願ひます―　お答へさい」　〃答　三四六、一九五

〃「よくあたりました　序に所有者のお苗字もあてゝ頂きたいんですが　―サ―どうぞ―

今の方のお苗字をはつきりと　仰せ下さい　それでわさあ　どうぞ　お答へ下さい」

〃　答　櫻井さん

觀衆の四　切符を出す

質問「今度のは何ですか　お願ひします　あてゝ下さい」

〃　答　切符

〃「では何の切符ですか　さあ　お願ひします　お答へ下さい」

〃　答　電車の回數券

〃「では何枚殘てゐますか　どうぞ　はつきりと　お答へ下さい」

〃　答　十八枚

〃「それでわ　持主はどんな方ですかあてゝ下さい」

〃　答　御婦人

〃「ではどんな服裝をして居られますか　さあ　はつきりと　お答へ下さい」

〃　答　和服にコートを召す

〃「どんな色のコートを召して居られますか　お願ひします　それから布地は何

でせうか　お早く（九）　お答へ下さい」

〃　答　ラシャの海老茶色のコートです

〃「それでわ（四）　髪はどんな格好で　お年齢はお幾つ位でせうか　どうぞ（一）お早く（九）　お答へ下さい」

〃　答　髪は束髪でお年は十九才位

動力者今度は觀衆五の前に立つて

質問「それでわ（四）　こゝに居られる方はどんな方ですか　どうぞあてゝ下さい（一）　で今（二）どんな服裝をして居られますか」

〃　答　女の子供さん洋服を召してます

〃「さあ（三）　でわどんな色の洋服を召してゐませうか序にお年も　分りますか（六）　それから　今（二）　手にお菓子を持つてゐますがそれは何でせうか　お答へ下さい」

〃　答　青いお洋服でお年は六つ位手にキャラメルを持つてゐます

この場合の女の子の頭はオカツパさんであつたと假定する

併しオカツパと云ふことは髪の鍵にあてはめてないのだか

ら右の質問の樣にそれには觸れないことにする、それから手にキャラメルを持つてゐるがそれを「手に何を持つてゐますか」　答お菓子　と云ふ事にすると質問數が餘り多くなるから斯ふ云え場合には動力者の手心で或程度までその何であるかを表示して質問數を減らすのである。

斯くの如くして動力者は順次觀衆の間を行き　適宜に物品を借り受けては實驗をなしつゝ　會場を公平に一廻りする

但しこの間の實驗數は二十個位でよろしい餘り多數では疲れすぎ　餘り少なければ物足らぬことゝなるからである、尤も非常に複雜なる實驗のみなればその數を少しく加減する方が宜しく　又時間其他の都合で適宜に加減すべきは云

ふまでもない
以上の如く物品あての中に人物あてや姓名あてを織交せて行ひ、次に身體各部の實驗をしてもよいが　これは簡單なるもの故　最初小手調べのときに行つてもよろしいのである、唯動力者と感知者の間にてよく相談の上で間違ひのない樣にすればよいのである。
右の樣に　人物あて　姓名あて等を物品あてに關聯して行ふ方が各別々に行ふよりは尙一層興味の多いものであるが實驗者の手腕及び都合に依つて別々に行ても差支ない　この際には前にも述べた樣に動力者と感知者との間によくその實驗の順序に就て相談しておくべきである。

以上で　數字あて　物品あて　人物あて　姓名あてが濟んだので大分疲勞を催す頃であるから　一度休息するが宜しい、そこで動力者は觀衆に向て「大分疲れた故五分間程休憩する」旨を述べて　感知者と共に觀衆の方に向て一禮して退場する　このとき感知者は目隱しを取つても差支ない

休憩五分の間に隱し人其他に付き　動力者感知者の二人は尙よく相談しておく。

三　隱し人探し

休憩が濟むと　動力者と感知者は再び登場して　感知者は以前の如き姿勢をとり　目隱しをなす　この時の目隱布は薄きものに取り替へておくこと　と前述の通りである。

さて動力者は觀衆に向ひ「これより隱し人探しをなす」旨を述べて再び感知者の肩に手をおき精神統一狀態をさせる次に動力者は　觀衆の方に行つて適當な場所の觀衆の一人に紙片を渡し（これは紙片に限らず何にてもよし）「どうぞそちらへ順にお廻し下さい」と云ふのである、そこで觀衆はこれを順次に廻して遂に目標人物まで來たとき　動力者は「どうぞその邊でお止め下さい」と云ふのであるが　その時紙片はその後の人に渡つて終つて即ち隱し人は動力者と感知者との二人が豫選しておいた目標人物の直後の人となつて終つたのである。

それを確實に見屆けた動力者は感知者に向つて、隱し人が定つたからもう歩き出してもよい　この合圖の代りに「先生願ひます」と云ふのである、この言葉を聞いた感知者は組み合せて居た手を解いて靜かに動力者の方に向つて歩き出すのである、動力者は舞臺の降り口まで感知者を案内してやりそれからは感知者が先に立つて歩いて行くのであるが、この場合感知者は目隱布を替へてあるから薄々見えるのであるがそんな氣配は少しも見せず　盲が物を探るが如き態度で足の爪先で探りながら徐々と一歩一歩目標人物の方に近付いて行くのである、動力者はこの時感知者より約一間ばかり離れた後よりこれも感知者の身振りの危かつしいのを心配しながらと云ふ樣な態度でついて行きやがて半分道位來たとき　隱し人は目標人物でないと云ふことを知らせるために「よく注意して」と云ふ暗號を發するのである　これに依て感知者は隠し人は目標人物の直ぐ後の人であると云ふことを悟り　尚徐々と目標人物に近付いて行き　その直ぐ後の人の傍に立つて明快な口調を以て「この方です」と云ふのである　斯くして見事適中してこの實驗を終ることにするのである、

實驗が終れば感知者は其の場で目隠布をとり　動力者ともに舞臺に戻り觀衆に向つて謝辭を述べて樂屋に入るのであるがこの場合　休憩後の實驗が隠し人探しだけて何だか物足りない感じがするとか或は又時間が早過ぎるとか云ふ場合には動力者の機轉を以て隠し人になつた人の人物あて即ち服裝

から頭髪の様子など或は身體各部に就てあてるとか云ふのも一方法である

さてこれで各實驗が終つたのであるから動力者と感知者は一應樂屋に入つてから今度は挨拶人と三人で舞臺に現はれ挨拶人が觀衆に向ひ實驗の無事終了した事と種々御便宜を與へて下さつて有難かつたとかそれに相應した挨拶を述べてこの集會を解散するとか或は次のものに移るとかするのであるがこの間動力者と感知者は挨拶人の兩側に敬虔なる態度を以て立つてゐて一言も物を云ふ必要なく只挨拶人が禮をするとき共に禮をすればよいのである、

斯くして靈交術の實驗を終了するのである、

靈交術を自由自在に活かして使へ

世界的魔術家として第一人者を歌はるゝ松旭齊天勝嬢が、一夕の歌舞伎座の公演に入場料特等一人前五圓を徴收する魔奇術も、其の内幕や装置やトリックを知つてゐる人から見れば、寧ろ馬鹿〱しくて見てゐられぬ位のものである、何事でも眞に其の種をあかして仕舞へば「何だ、こんな事か」と思はれるけれども、装置やトリックを知らない人々から見れば奇術も神秘に見えるものである、從つて魔奇術界は絶對秘密主義であつて、到底局外者や新參の門人等には窺窬をすら許されぬものである、殊に本書に教傳せられたる靈交術は、特に秘中の秘であつて、現に彼等の同業者間にをいてすら此の委細を知るものは、一二特殊の相傳後繼者にのみ限られたる秘密なのである。

故に我が會員諸君が本書によつて靈交術の原理方法を會得せられたるにせよ、決して之れを無意味に口外すべきものではなく、秘密は秘密として秘密に尊んで置く所に眞の秘密の價値があるのであるから、老婆心ながら御注意申上げて置く次第である。

靈交術を巧みに自由自在に應用する時は、各自の職業に應じて無限的に活用する事が出來るのであるから、あらゆる方面に御活用を願つて處世上に一大御成功を得て頂だき度いと思ひます。

之れは極めて卑近な通俗的の靈交術應用の小端であるが、其の思ひつきが面白いから御參考までに掲げて置きますが、東京市内在住の支部長に遠藤君（假名）と云ふ人があつて、時々本院を來訪せらるる人であるが、本年某月某日同君が來院の際に「今回漸くにして靈交術の眞相を摑んだから追つて君にも發表する」と告げた所、其後數日して又來院の際に「何んな秘密確守條件でも又は反對給付の物質條件でもつけるから、原稿の筋書きを一讀させてくれ」との事であつたが、本院としては一も二もなく御斷りした所、更に再三にわたつての懇願故、其れではと云ふ譯で或特殊條件の下に原稿の一部にある「隱し人探し」の部分だけを敎へて上げたのです。然るに其後約一ヶ月許りは同君からは何の音沙汰も無く、且つ又本院も忘れて居た所、或日突然右遠藤氏が大ニコ〳〵でやつて來た

「靈交術應用で病氣治療に成功した」

と鼻高々で自慢されるので、段々樣子を聞いて見ると成程靈交術を應用した成功法である。同君の行り方は方位の十二支を靈交術で應用したものであつて、仲々うまい活

用法をしたものと感心させられます、其方法は同君は助手の某君や妻君と打合せの上來訪の患者の從來の病氣は一々助手又は妻君が聞きとつて次に助手が患者を先生（遠藤君のこと）の前に連れて行くのであるが、其際助手は決して病人の容態を直接の言葉で現はす樣な事をせずに、暗號をもつて先生に告げるのである、即ち病人を先生の前に紹介する態度や言語のうちに十二支を織り込むのである。

假りに諸病の暗號を十二支で作つておくとすると

戌（頭）、亥（胃）、子（腸）、丑（肺）、寅（心臓）、卯（手の病）、辰（足の病）

巳（陰部）、午（リウマチ）、未（神經病）、申（齒）、酉（耳）

而して施術室は豫め助手又は妻君と打合せの上、四邊の天井又は壁周圍の緣に、他人には分らぬ樣に目印しをつけてをいて、何處から何處までが「戌」であり、何處から何處までが「亥」であると覺えて置くのである、よつて助手なり又は妻君なりが病人の容態を聞いて見て、假りに其の病人が頭に關係した病氣の人ならば、此の病人を施術者に紹介する時、助手は無言の儘病人を施術室に案內すると共に、自分は「戌」の方角內に立つて「先生御病人です」と云へば、施術者は直ちに此の病人が頭に關係した病氣の人であると云ふ事が分るから

「ハハー、あなたは頭に關係した病氣で御出でになりましたネ」とかぶせれば、必や此の病人は感嘆して心中で「これは偉い先生だ、一目見ただけで病氣を的中させた」と舌を捲くに極つたものです、從つて其の信用は直ちに倍加されるから、意外に素破らしい治療成績を擧げ得る事は極り切つてゐます「胃」の場合「腸」の場合　皆然りです。

尙ほ右の十二支だけで病名不足の場合又は二病以上の場合は、更に別に言語暗號を定むるもよければ、机上の書籍置換又は書籍の上中下入れ換へ等に依つても、いくらでも其の方法は考へ出される事であるから、各自に工夫を廻らせば、隨分興味ある暗號術が出來る事と思ひます。

右は唯單に靈交術を巧みに應用せられた一人の例でありますが。會員諸君は宜しく靈交術を自由自在、千變萬化に利用せられん事を希望致します。

尙前記の遠藤氏が、其後驚くべき多數の患者を吸收したると共に豫想以上に見事なる治療成績を擧げつゝある事は勿論であります。

霊交術秘伝書

昭和八年十二月三日　初版発行（天玄洞本院）
平成十三年八月十三日　復刻版初刷発行
令和七年四月八日　復刻版第三刷発行

著者　石川素禅

発行所　八幡書店
東京都品川区平塚二－一－十六
ＫＫビル五階
電話　〇三（三七八五）〇八八一
振替　〇〇一八〇－一－四七二七六三

ISBN978-4-89350-566-8 C0014 ¥2400E